招商梦

孟献国　著

中国商务出版社
CHINA COMMERCE AND TRADE PRESS

图书在版编目（CIP）数据

招商梦／孟献国著．—北京：中国商务出版社，
2015.3
ISBN 978 - 7 - 5103 - 1263 - 2

Ⅰ.①招… Ⅱ.①孟… Ⅲ.①外资利用—研究—宿迁
市 Ⅳ.①F832.755.3

中国版本图书馆 CIP 数据核字（2015）第 067645 号

招商梦
ZHAO SHANG MENG

孟献国 著

出 版：中国商务出版社
发 行：北京中商图出版物发行有限责任公司
社 址：北京市东城区安定门外大街东后巷 28 号
邮 编：100710
电 话：010 - 64269744 64218072（编辑一室）
　　　010 - 64266119（发行部）
　　　010 - 64263201（零售、邮购）
网 址：http：// www. cctpress. com
网 店：http：// cctpress@ taobao. com
邮 箱：cctp@ cctpress. com bjys@ cctpress. com
照 排：北京宝蕾元科技发展有限责任公司
印 刷：北京密兴印刷有限公司
开 本：787 毫米×980 毫米 1/16
印 张：9 彩 插：1 印张 字 数：123 千字
版 次：2015 年 3 月第 1 版 2015 年 3 月第 1 次印刷
书 号：ISBN 978 - 7 - 5103 - 1263 - 2
定 价：36.00 元

▶ 2014 年 3 月与宗庆后在北京合影

▶ 2008 年与邓亚萍在宿迁合影

▶ 2008 年 5 月 26 日，孟献国在古城扬州传递奥运火炬

▶ 2013 年与汇源集团董事长朱新礼先生在武汉合影

▶ 2013 年与蒙牛集团总裁孙伊萍在北京合影

▶ 2013 年与伊利集团董事长潘刚在呼和浩特合影

▶ 2013 年与洋河集团董事长张雨柏在呼和浩特合影

▶ 1987 年

▶ 1999 年作者登临黄山天都峰

▶ 作者与神五返回舱合影

▶ 1987 年与夫人苏玲在淮安

▶ 2010 年在加州长滩州立大学与美国小学生合影

▶ 2010 年在美国华尔街

▶ 2015 年在宿迁世界之窗

通往成功招商的道路

（代　序）

孙曙生

市场经济体制下如何开展卓有成效的招商工作？长期以来，不论是学界还是商界均缺少这方面的专业培训教材，尤其缺乏来自招商实践者从自己成功的招商实践中提炼的"实战型"教材。孟献国先生《招商梦》一书的出版，填补了关于如何实现成功招商的理论与实践方面的不足，为招商的培训机构提供了一本难得的教材，亦为那些正在奔袭在招商之路上招商人，提供一条可资借鉴的路径。尽管文中一些观点还不十分完善，但其娃哈哈项目曲折的成功招商案例，特别是作者招商过程中酸甜苦辣的亲身感悟，对尚处于摸索阶段的招商同仁来说，确是不可多得的宝贵财富。

明末清初的著名思想家顾炎武曾说："形而上者为之道，形而下者为之器。"道者为思想理念的升华，表现为抽象的理论；器者为解决问题的具体方法，呈现为具体的实证经验。从招商缘起到招商实践，从招商实践到对招商的感悟，《招商梦》一书，以"器"为主，兼有"道"韵。读完后顿然有"故事半古之人，功必倍之"的感觉，仿佛作者已经给那些正在忍受"招商难"煎熬的招商人提供了破解招商困境的"利器"。

目前，我国正在进行全方位的体制变革。如何在经济新常态下开展招商工作，该书对此也进行了有益的探讨。文中引用我国新一届政府对工业园区未来改革的四项转变：一是由追求速度向追求质量转变；二是由政府主导向市场主导转变；三是由同质竞争向差异化发展转变；四是由"硬环境"见长向"软环境"取胜转变。娃哈哈项目落户宿迁并不断发展壮大，既是淮海经济区大市场的客观需要，也是服务"软环境"优化带来的结果，对宿迁的特色食品产业发展起到引领推动作用。该成功案例对目前经济新常态下开展招商工作有一定借鉴意义。

谁言寸草心，报得三春晖。通读《招商梦》，透过其招商成功背后的故事，我们也能想象得到其在招商之路上所经历的种种挫折，其中的艰辛超出了常人的想象。作者之所以能做到对大项目招商的执著与坚守，其动力的源泉来自于对生他、养他的宿迁这片热土的热爱，是这种爱激发他缜密思考、奋力拼搏，为家乡的经济建设做出了一份贡献。书中"赢的箴言"是一大亮点，该文对孟献国开展招商工作起到重要激励作用，相信对追梦的青年人也会有一定的励志启示。

孟献国先生踏入工作二十六载，十年财政，十六年招商，献国兄将数十年的文字结集名曰《招商梦》也是名副其实的，是其心路历程、工作历程、招商历程的综合展示。他早年踏入财政工作时就对招商产生偏爱，专业从事招商后，更是一路招商，一路思考，终于靠一以贯之、积沙成塔的积累，圆梦娃哈哈，实现《招商梦》。也愿更多的招商人在读完《招商梦》后实现自己的招商梦想，实现自己的人生价值。因而，该书的出版可喜可贺！是为序。

作者系中共江苏省委党校法政部教授

2015 年 3 月 27 日于南京

自　序

马云说："梦想还是要有的，万一实现了呢？"招商与我注定今生有缘，1987 年在埠子中学高考复读，考取了淮阴供销学校计划统计专业，1989 年毕业后分配到来龙镇财政所工作。1992 年 1 月载入史册的小平南方视察改变了许多人的人生航线，一个"春天的故事"也让我萌发了招商引资的梦想，立志为家乡宿迁引进一个海外大企业！

1992 年《新华日报》一则中缝招聘广告，促成我成为南京《科技与经济》编辑部兼职记者，主要工作就是为寻求海外合作的企业牵线搭桥。大约折腾了两年，我利用业余时间跑遍了原淮阴市大中型企业。虽未取得实质性进展，却练就"敲门招商"的基本功，即在未预约的情况下如何突破门卫找到办公室主任，再如何通过办公室引见企业老总，这为后来专业从事招商工作打下很好的基础。

1996 年 10 月，地级宿迁市成立，我有幸成为新组建的宿豫县顺河镇第一任财政所所长。1998 年 10 月，省级宿迁经济开发区成立。1999 年 7 月，宿迁经济开发区面向全市公开招聘 5 名招商人员。当时，我正在洋北镇财政所任所长，几乎是在见到招聘信息后的第一时间报了名，经过笔试、面试及一个月试用后，我终于成为一名正式的招商工作者，可以说，是地级宿迁市的设立圆了我的招商梦。

应聘招商工作并非一帆风顺，考官团中竟有人要我解释"犹太商人"的概念，幸好在淮阴供销学校期间"研读"过犹太人方面书籍，我说马克思是犹太人，耶稣是犹太人，相信马克思的是社会主义阵营，相信耶稣的是资本主义阵营，正因为两个犹太人思想不同把世界分为两大阵营！我还讲了犹太人 78∶22 的法则，即假如一个正方形面积是100，那么它的内切圆面积是 78，其余部分面积是 22，犹太人把 78∶22法则应用于赚钱领域，即社会上 22% 的有钱人掌握着 78% 的社会财富，而其余 78% 的人仅掌握 22% 的社会财富，所以，要赚钱就要赚有钱人的钱！我的回答可能超出了考官的预期，赢得了自发的掌声，正是这一次较为成功的面试，促成我在激烈的竞争中被破格录取。1999 年 9 月30 日，我终于等来了宿迁经济开发区的正式录取通知，这一年我 33岁，从此拉开了长达 16 年的专业招商序幕。

招商难，招大商更难。招商生涯让我尝尽酸甜苦辣，有努力后失败的酸楚，亦有招商成功后的喜悦。其中娃哈哈项目的传奇经历可称之为神来之笔，本来在 2002 年第一次招商中，娃哈哈选择了距我们仅 120公里的江苏省徐州市，其缘由主要是人家更为便捷的交通和较大的市场优势。

公元前 202 年的楚汉相争，宿迁的项羽败给了徐州的刘邦，公元2002 年的娃哈哈项目招商宿迁再次败北，难道是历史的宿命使然？"机遇在犹豫中消失，差距在等待中拉大。"经过一天一夜的思路调整，我再次燃起对娃哈哈项目的招商梦想，决心整合资源背水一战，历经三年的坎坷经历，经过市领导及开发区广大同仁的一致努力，终于实现了娃哈哈在宿迁投资的梦想，将"不可能"改写为"不，可能！"

激情招商，亲情服务。我曾经在一个夜深人静的夜晚在西子湖畔大声呼喊：娃哈哈，到宿迁去！也曾在天安门城楼默默许愿：汇源，到宿

招商梦

迁去！无数次的激情演绎，留下了许多美好的招商回忆。淮阴供销学校八七统二班王宁老师在毕业 20 周年活动中给我的留言是："天天娃哈哈，夜夜盼蒙牛。"一路招商，一路思考，本书收录了我工作二十多年招商等方面的感悟与体会。作为长期在招商一线的招商人，通过具体招商案例提炼招商的经验与教训，相信对招商追梦人会有一定的借鉴和启迪意义。

孟献国
2015 年 2 月 26 日

自序

目录

第三章　招商思考（2010—2015）

第四章　招商缘起（1993—1999）

招商梦

第五章　记者视线

目　录

第一章　招商讲堂（2010— ）

□我的招商梦想

□激情招商　亲情服务

【写在前面的话】

宿迁娃哈哈项目招商成功后，山东、安徽等一些地方陆续邀请本人作招商引资讲座，在与招商同仁交流中得到思想共鸣，讲座包含文化招商、创新招商、快乐招商等六个部分，都是作者 16 年长期招商实践中的感悟与体会。

文中引用"把目标大胆地说出来、肯定自己、向成功的人学习、为自己塑造成功的形象、奖励自己"等 5 条"赢的箴言"，对追梦的年轻人很有励志作用，在本人娃哈哈项目 5 年招商中发挥特别重要作用。正是"把目标大胆说出来"的引导，我把娃哈哈项目招商目标告知小学同学、我的农村老家邻居双虎，他每次见面总要好奇问及进展情况，借助这股无形的压力使我永不言弃，坚持推进。

我的招商梦想

（演讲稿）

【背景介绍】2013年12月14日，江苏省委党校2011级研究生宿迁班举办"中国梦，我的梦"演讲比赛。由于是亲身参与招商的感悟，作者《我的招商梦想》以真情实感打动在场的观众和评委，获得演讲比赛第一名。江苏卫视《非诚勿扰》嘉宾、江苏省委党校教授黄菡女士上台颁奖。

各位老师、同学们：

大家好！

中国梦，流淌在沧桑的岁月里，有汉唐盛世的辉煌，亦有晚清衰败的耻辱。随着中国奥运会、世博会的成功举办，神舟、嫦娥的陆续飞天，积淀在我们每个中国人心中的中华民族伟大复兴的梦想又一次激发出前所未有的活力。有梦的民族是有前途的民族，追梦的人生是有色彩的人生。中国梦其实和我们每个人的梦想紧密相连，我们个人的梦想也正是中国梦的重要组成部分。这里，让我和大家一起分享我的招商梦想……

那是1999年，33岁的我怀着对招商的执著与梦想，离开了较为优越的财政工作，来到充满挑战的开发区招商主战场，招项目、招工业大项目成为我当时最迫切的梦想。

2000年下半年，我通过网络在中国工业500强中优选了海尔、娃哈哈、双汇、汇源等20家重点企业进行信函招商。娃哈哈集团回函说"对不起，今年没有投资计划"，这个婉言谢绝的回复却引起了我的关注。"今年没有计划，说明明年可能有计划"，从此，一个极具价值的重要招商线索被我牢牢抓住了。

2001年5月19日，我揣着市政府的邀请函，只身来到杭州娃哈哈集团敲门招商，整整等了一个星期，总裁助理施惠明总算答应见个面。抓住这个难得的机会，我把宿迁的基本市情、投资环境、优惠政策在半个小时内如数家珍般倒了出来。从此，娃哈哈投资苏北的意向中又增加了宿迁的选项。

随后，一个以"满天星星不如一个月亮"①为题的娃哈哈项目分析报告被呈报上去，市委、市政府主要领导迅速做出重要批示。从此，娃哈哈项目招商被推上了快车道。

2002年7月，娃哈哈总裁宗庆后等集团高层踏上了宿迁大地，宿迁市委、市政府主要领导亲自接待，《宿迁日报》欢迎辞以及娃哈哈饮品接待的细节，让这位知名企业家感受到了宿迁的亲商热情和招商决心。

招商梦

然而，10 天后《扬子晚报》一篇娃哈哈项目落户徐州的新闻犹如一盆冷水把我从头到脚浇了个透。"为什么？为什么会这样？"我躺在床上一遍又一遍问自己这个没有答案的问题。经过电话得知，娃哈哈一般在每个省份只建一个工厂，主要是为了降低其运输成本，徐州建厂后，宿迁的投资机会几乎是不可能的。但是，经过一天一夜的思路调整，我认为，宿迁生态环境优越，水质优良，投资政策优惠，完全符合饮料企业投资办厂的条件，就这样，我的娃哈哈招商之梦被再一次点燃。

为了尽快促成娃哈哈项目落户宿迁，我开始注重更多的资源整合。经了解，《中国食品质量报》副总编李树标与宗庆后私交甚好。当得知李树标 2004 年回泗洪老家过春节时，我顾不得大年三十路上的积雪，驱车前往泗洪拜见。被我诚意所感动的李树标答应帮忙做工作。从此，宗总的手机经常接到来自北京的声音：建议他到宿迁投资建厂。

经过多方打听，我得知宗庆后 1945 年 10 月 12 日出生于宿迁的东大街，他的父亲宗启禄、母亲王树珍在抗战期间曾在宿迁生活了数年，老人的思乡情结成为宿迁招商的新纽带。

2003 年"非典"期间，我从自己家里拿出 1800 元给娃哈哈徐州分公司工人送去口罩、肥皂和洗手液。分公司总经理罗继伟拉着我的手说："徐州市政府没想到，你们却想到了，太谢谢了！"

2003 年 9 月，娃哈哈产品因广告宣传被外地某工商局催发罚款单，接到求援电话后，我立即和开发区纪工委书记李前聪赶往现场沟通，经过多方协调，对娃哈哈的罚款和网上通报最终被取消。此举震动了娃哈哈高层，因为类似事件花费了他们 3 个人半个月的时间，而宿迁从接到电话到处理结束仅用了 5 天时间。功夫不负有心人，宿迁锲而不舍的招商精神赢得了娃哈哈核心决策层的认可，投资部主任顾小洪感慨地说："江苏如再有投资计划，当首选宿迁！"。

时间推移到 2004 年，娃哈哈项目招商到了第 5 个年头，多年无功而返的招商给我带来了巨大的思想压力。面对他人的冷嘲热讽，我犹豫过，彷徨过，这时，妻子那句"放弃比失败更丢人！"的话深深地震动了我，激励着我继续坚持我的招商梦想。

　　经过慎重考虑和冷静分析，2005 年年初，我主动向管委会领导立下军令状：如果今年娃哈哈还不能招商成功，我愿接受组织处分！不给自己留后路的我准备背水一战。

　　想起几年来招商的一幕幕，我记忆犹新。曾经一个阴雨绵绵的日子，我围着娃哈哈下沙基地 300 亩厂区外围转了两圈，并面向钱塘江默默许下我的招商梦想。杭州西湖边上有个孤山小径，那里有个空谷回音，一个夜深人静的夜晚，我独自对着宝石山高声呼喊："娃哈哈，到宿迁去！到宿迁去！……"充满激情的回声在西子湖畔久久回荡。

　　为了促使项目尽快落户宿迁，2005 年，市主要领导三次赴杭州与娃哈哈高层洽谈、磋商。精诚所至，金石为开。2005 年 8 月 17 日，宗庆后再次踏上了宿迁这片热土，距离上次项目失败整整 3 年。此次，宗庆后直接到开发区为娃哈哈新公司选定地址，2 个亿的巨额投资被当场拍板。娃哈哈集团从不在 500 公里半径重复建厂的铁规从此被打破，宿迁人用自己特有的招商方式将"不可能"变为"不！可能！"半年后，一座崭新的现代化厂房拔地而起，中国饮料行业龙头老大"娃哈哈"的产品终于刻上了宿迁的名字。

　　"我爱民族品牌娃哈哈，我爱绿色家园新宿迁！"娃哈哈与宿迁的结缘是我一生中最美丽的招商梦！今天，宿迁帮办文化被娃哈哈集团高度认可，并通过分公司传播到全国各地。宿迁娃哈哈已经成为年产值 15 亿元、年纳税超 1.5 亿元的重点企业，每每看到当初的梦想成为现实，心中不由感慨万分，激动不已。如今，"中国梦，我的梦"在神州大地激荡传诵，已经成为凝聚中华民族团结一心、奋勇前进的强大动

招商梦

力。当前，宿迁市正在开展特色产业招商活动，正是引领我市朝着全面小康社会迈进、实现美丽宿迁梦的重要举措，作为一名招商人，我愿为我市千亿级食品产业之梦继续做出应有的努力！

我的演讲完了，谢谢大家。

（本文作于 2013 年 12 月）

第一章 招商讲堂（2010—）

①链接：满天星星不如一个月亮

关于娃哈哈热灌装饮料生产线项目
洽谈情况的汇报

市委、市政府：

2002年7月4日，市开发区一行三人在王柏生副主任带领下，又一次赴杭州娃哈哈总部跟踪洽谈饮料生产线项目。这一次娃哈哈方面明确表示苏北建厂事宜已正式列入公司2002年投资计划并经公司职代会通过，初定在7月下旬到苏北（包括宿迁）实地考察投资环境。现将项目情况汇报如下：

一、项目概况

杭州娃哈哈集团公司决定2002年在苏北投资建设两条热灌装饮料生产线，主要生产娃哈哈茶饮料、果汁（非常苹果、非常柠檬等系列）及纯净水，计划2002年年底投产运营。投资方式采取娃哈哈独资方式，为中外合资企业（由娃哈哈集团和法国达能集团共同出资），投资总额约3亿元人民币，仅设备投资就达2亿多元，全部采用国际顶尖自动化生产线设备，一期工程占地 100 多亩，控制用地 200 亩左右，年产值 10 亿元，年利税 6000 万元。

二、项目洽谈进展情况

早在 2000 年 8 月，我们得知娃哈哈将在江苏建立分公司信息后就立即向市政府作了专题汇报，市委、市政府对此高度重视，专门安排由市开发区、市经委、洋河集团组成的联合考察团于当月中旬首次赴杭州洽谈，双方相互介绍情况后参观了娃哈哈在下沙的生产基地。此次考察取得较大成功，娃哈哈集团投资部向公司进行了专题汇报，并在材料中将宿迁与淮安在人口、区域、政策等方面进行了比较，集团公司总经理宗庆后先生对此专门给予批示，显示了对方对宿迁投资环境的重视。随后，时任宿迁市人民政府常务副市长邵毅给娃哈哈公司总经理发去了邀请函，邀请娃哈哈公司领导来宿考察，娃哈哈集团当即给予回函并于次年 3 月派总经理助理施穗明先生来宿迁考察洽谈。在市委、市政府工业突破战略指导下，市开发区对该项目坚持紧追不放，本着只要有 1% 希望就付出 100% 努力的精神安排专人长期跟踪洽谈。近三年来，派专人赴杭州面谈近 20 余次，通过传真、电话、信函联络达数百次，广泛细致地宣传了我市优越的投资环境，使得投资部及分管领导每人案头都放有一套介绍宿迁情况的材料，娃哈哈集团的相关人员对宿迁已是未睹先知。我市锲而不舍的毅力和真诚的合作意向博得了娃哈哈方面的认同和好感，为此次项目的洽谈打下了良好的基础。

2002 年 7 月 4 日，我们一行 3 人在杭州娃哈哈总部与主管对外投资的外经办主任顾小洪先生、投资部郑振国先生、李丽华女士等进行了深入友好的洽谈，顾主任向我们介绍说，在今年 5 月娃哈哈职代会上宗庆后总经理已明确宣布今年将在苏北建厂，并实现年底投产。目前，参与该项目竞争的除了宿迁市，还有徐州和淮安两个市，基本上在这三个市的省级开发区上选择。顾主任说宿迁的生态型环境对他们的食品工业有一定吸引力，顾主任还对宿迁开发区的分区规划图进行了详细的了解，并在市开发区南侧进行了初步预选址，地点位于顺堤河以西、南环路以北约200亩的一块土地上。但对目前该地块尚未完成必要的道路、供水、排污等基础设施表示忧虑。我们当即承诺：如果娃哈哈决定在该地块建厂，我们有能力3个月内完成通路、通水、通电，不会影响该公司的年底投产计划。顾主任听说我市开发区已有18家工业企业进区时，特别是晨风、巨星、鑫品、正宇等一批大企业落户宿迁经济开发区，表示出较大的乐观，并对当地党政领导对投资企业的重视程度非常关切。在听完我们对宿迁市情及市开发区的情况介绍后，顾主任表示在7月下旬来我市实地考察，预计宗庆后总经理届时将亲自前往。同时考察的地方还有徐州市和淮安市。

三、该项目对我市及开发区的重大影响

"满天星星不如一个月亮"，我市缺少大型的骨干企业是目前经济基础薄弱的主要原因，娃哈哈集团公司是中国工业500强、饮料行业的龙头老大，"娃哈哈"品牌是中国驰名商标。截至2001年年底，娃哈哈集团已先后在重庆、吉林、湖南、广西等地成功建立10余家分公司，所有投资无一例失败，当年利税均超过2000万元，已经成为当地名副其实的税利大户。2002年娃哈哈集团在5个省份完成布点后，2003年将在另外3个省份进行布点，届时，娃哈哈将完成在全国网点的全部投资计划。如果该项目成功落户宿迁，其6000万元年利税将是目前我市市本级财政收入的一半，无疑会成为我市财税收入的重要来源。由于娃

哈哈集团有着丰富的投资办厂经验及快捷的工作效率，年底投产运营后，2003 年就能使我市的工业经济取得重大突破，并将带动包装、运输等相关产业的发展。同时其一流的经营管理理念，以及高层次人才的培育对宿迁的发展具有深远的意义。对市开发区的影响不仅是弥补特大工业项目的空白，更重要的娃哈哈知名品牌的引进还可带动其他品牌项目的连锁跟进，必将推动我市的招商引资工作跳跃式向前发展。由于该项目对实现我市工业突破战略有着极其重要的作用，所以我们应动员一切力量促使该项目成功在宿迁落户。

四、我市在该项目上与周边地区竞争上的优势与劣势分析

1. 优势分析

我市长期不间断地跟踪联络已经在洽谈上抢占先机，可以在同等基础上较顺利地实现双方进一步对话与交流；我市地处徐州、淮安之间，可以左右辐射，不但辐射苏北市场，还可辐射鲁南、皖北一带；我市有着优良的生态环境，绿色宿迁的品牌对食品工业有着很强的吸引力；通过软环境综合治理，我市的投资环境已经朝着规范、稳定、健康的轨道上发展，高效便捷的工作效率和超前主动的服务意识具有较强的竞争力；我市名泉遍布，水资源极为丰富，骆马湖还是全省唯一符合国家二类水质的地表水，这为发展水制品提供了得天独厚的条件；市委、市政府主要领导高度重视招商工作是我市的又一优势。

2. 劣势分析

尽管我市北有陇海铁路，东有新长铁路，但相比徐州、淮安，我市城区没有火车道；由于我市是 1996 年刚建的地级市，人口、资源及知

名度等都需要更多的宣传；徐州、淮安两市也同样高度重视该项目引进，加之我市一些县区单独赴杭招商，产生一些负面影响，应防止出现恶性竞争；该项目可能会在今年7月底拍板定案，并计划年底实现投产运营，而我市开发区被对方看好的地块目前尚未具备必要的水、电、路等基本生产条件，在此地块上还有两路高压杆线。

五、几点建议

1. 由于该项目将在近期定案，建议由市政府牵头立即组成娃哈哈饮料项目领导小组，统一协调组织该项目洽谈及接待工作。

2. 建议市委、市政府组成党政代表团在本月20日左右赴杭州娃哈哈总部实地考察洽谈，并开展一系列洽谈公关活动，从而一举促成项目成功。据了解，娃哈哈集团在5月的职代会上宣布，今年将完成在黑龙江、江苏、福建、江西、云南等5个省份建立分公司，并在年底全部实现投产运营。娃哈哈集团2个月敲定两个项目的办事效率，要求我们必须抢抓这一发展宿迁的历史机遇，努力促成苏北的项目在宿迁投资。

3. 目前该项目只有徐州、淮安两个竞争对手，其成功概率较大，我们既要树立必胜信心，又要有足够的危机感。建议迅速争取江苏省政府对该项目的协调支持，争取把该项目作为省政府扶持宿迁的一项重大举措。

4. 建议迅速对该项目拿出一套完整的预案。即假设项目已经落户宿迁经济开发区，将应该做的工作方案在7月20日娃哈哈集团公司总裁来宿迁之前全部做好。比如土地的丈量与报批、道路等基础设施的铺设与规划、拆迁费用的测算与补偿、顺堤河的配套绿化与整修、优惠政策的承诺等相关工作全部超前拿出方案，具体安排到责任部门、责任人及时间进度表，用我们宿迁人的效率与诚意增强娃哈哈集团公司在宿迁的投资信心。

5. 建议以市政府或市主要领导名义再一次向娃哈哈集团发去正式邀请函。

二〇〇二年七月六日

招商梦

激情招商　亲情服务

——对大项目招商的感悟与体会

【背景介绍】2014年6月20日，河北省唐山市开平区组织机关干部在宿迁开展招商引资培训，这是笔者应邀在宿迁市委党校招商讲座的摘要部分。

各位领导、同志们：

没有激情很难招到大项目，缺少亲情也不能服务好大项目，招商有道，贵在感悟！笛声是悠扬的，二胡是动听的，如果我们既会吹笛子，又会拉二胡，就等于从两个方面诠释音乐的魅力。人生也是如此，我们无法延长其长度，但可以增加其宽度，在座的在本职岗位上大多取得了不俗成绩，如果能在招商上也有所突破，那将是收益无限。高原上，再努力也烧不开一壶水，说明环境很重要；骑自行车，再努力也追不上宝马，说明平台很重要；男人女人再优秀，没有另一半也生不出孩子，说明合作很重要；吃尽千辛万苦，说尽千言万语，还不能与客商碰撞火花，产生共鸣，说明运用文化招商很重要！下面，我结合宿迁市一些较为成功的做法与大家进行探讨和交流激情招商与亲情帮办的话题，以期达到共同提高的效果。

一、关于文化招商

何谓文化招商？通过文化交流与碰撞促进招商工作之谓也。以宿迁招商娃哈哈为例，既要展示宿迁的历史文化、创业文化，又要了解对方的企业文化，寻求其中共通点，从而促进招商工作的开展。

宿迁市在娃哈哈项目招商中，就很好地运用了两地文化相通共融。宿迁历史文化底蕴丰厚，市区京杭大运河水韵悠长，见证了沿岸历史沧桑变化，而娃哈哈总部所在地杭州，正是运河文化的发祥地，同为运河沿岸城市的缘分一下拉近了杭州与宿迁的距离。乾隆行宫和项王故里是宿迁运河文化的代表，乾隆皇帝六下江南五次驻跸宿迁，尤其是每一次都留下题诗墨宝，历时 48 年的 5 首诗刻在一块石碑上，是研究乾隆一生书法变化的活教材，别具一格的御碑亭有 12 根立柱，上圆下方，宛若清代皇帝的帽子，似北京天坛的建筑风格，实属难能可贵。项王故里的项羽手植槐，虽历经两千多年风霜岁月仍枝繁叶茂，堪称园林史上的奇迹，在前不久的江苏省古树名木普查中，项羽手植槐被称为江苏最古老的一棵树。

宿迁的名字也很有文化内涵，解字专家围绕招商引资给出很好的解释："宿"为宝盖头，下面一个"人"、一个"百"，宝盖头即元宝之意也，一个人带来一百万投资；"迁"是一个"千"，加一个走之底，指走的时候，带走千万。"宿迁，宿迁，数钱，数钱！""生态宿迁，绿色家园。""诚信宿迁，投资乐园。"

娃哈哈文化核心是"家"文化，企业核心理念：凝聚小家，发展大家，报效国家。"励精图治，艰苦奋斗，勇于开拓，自强不息"的十六字精神是娃哈哈文化的起源，这与"团结奋进，敢试敢闯，务实苦干，自立自强"的十六字宿迁精神有许多相通之处。研究娃哈哈的创

招商梦

业历史，关注达能与娃哈哈的品牌纠纷，都对娃哈哈项目招商发挥了不可替代的作用。

湖北省钟祥县在招引汇源集团投资时，也巧妙地运用了文化招商策略，首先对朱新礼"大中国，大农业，大有作为！"理念进行深入研究，同时从500年前朱厚熜从湖北到北京做皇帝（明朝嘉靖帝）谈起，500年后的今天，从北京到湖北又来了一位姓朱的大小伙子，也就是汇源集团董事长朱新礼先生，他来干什么呢？探寻中国农业产业化道路，就这样，历史文化的碰撞促成朱总将142亿巨资投在了湖北钟祥。据说，山西某县委书记在汇源项目招商过程中，在多次洽谈未果的情况下，他想出了一招儿，从网上搜出汇源商标，在春天苹果挂果时用剪有汇源商标黑塑料袋裹在果子上。秋天，这位县委书记拖着一车长有汇源商标的苹果到北京招商，硬生生感动了山东大汉朱新礼，汇源项目招商一举成功！

文化招商，大有可为！这里，我向大家推荐一篇励志短文"赢的箴言"，有助于缓解压力增强自信。这篇文章在我五年娃哈哈项目曲折招商过程中给了我无可替代的支持力量，相信广大招商同仁从中会有一定的启示与帮助。

赢的箴言

在追求事业的过程中，你赢过吗？赢，由"亡、口、月、贝、凡"组成，意思是指要赢，就要有危机意识，要善于表达与交流，要有时间观念，要取财有道，要有平凡心态。此有5条赢的箴言：

1. 把目标大胆地说出来

积极欢快地人应该具有挑战性的目标，大力向身旁无嫉妒心的人宣扬自己的目标，这代表对自我的肯定，也是对别人的承诺，可借助这股无形的压力，鞭策自己，努力奋斗。

2. 肯定自己

世上没有十全十美的人，再伟大的人也有他的缺点。要做一个成功的人，首先必须了解自己，肯定自己，建立自信，做事才会积极进取，充满希望。缺乏自信的人容易自我设限，认为自己不可能达到既定的目标，如此怀疑自己，失败是理所当然。欣赏自己，相信自己，肯定自己，才能突破自我发挥无限的潜力。

3. 向成功的人学习

每个成功的人，至少都有一种成功的特质，而且发挥得淋漓尽致，我们不断从周围不同典型的成功者去学习感悟各种成功的特质，有助于增长智慧，更容易促成事业成功。

4. 为自己塑造成功的形象

一个成功者一定要看起来就像赢家，第一眼印象决定了别人对你的看法及评价，成功者永远表现得生龙活虎的样子，兴高采烈，光鲜明亮，好像随时要去参加庆祝的酒会。如果偶尔情绪低沉，宁可请1天假，好好调适自己的情绪，永远不让别人看到你懊丧样子。

5. 奖励自己

成功者的工作充满了困难和挑战，独自熬过许多心酸的压力，当你觉得自己表现得不错的时候，别忘了好好奖励自己，买个喜欢的礼物，为自己喝彩："你实在干得不错！"

奖励自己，再继续努力，会更有冲力，当然天生的赢家固然可喜，但后天的学习也可以让自己成为赢家，要赢，让你的对手去输吧！因为，你是永远的赢家！

二、方向比努力更重要

何谓品牌招商？即招引知名品牌企业之意也，比如娃哈哈、汇源、蒙牛、加多宝。一般来说，优秀的企业背后都会有一名优秀的企业家，品牌的知名度和美誉度往往倾注着企业家的大量心血。我们在招引品牌企业时，不仅实现招商引资，其无形品牌带来的影响力也是巨大的。

要招商首先要了解商人，有人说，商人就是可以商量之人。宗庆后把中国的企业家概括为四大素质：（1）诗人的想象力；（2）科学家的敏锐；（3）哲学家的头脑；（4）战略家的本领。我们研究了解企业家的创业历史和文化，将有助于招商洽谈中的互动交流。

招商需要智慧，招商更需要自信！一些招商人员从事的与招商无关的工作，加之没有参加专业的招商知识培训，往往会怀疑自己的招商能力，这对开展招商工作是不利的。大家看一下如下两份名单，或许会有所启发：

第一份：傅以渐、王式丹、林召棠

第二份：洪秀全、顾炎武、蒲松龄

第一份是科举状元；第二份是落第秀才。能做多大事，不完全取决于学识有多高，有时闯劲很重要！

在招商过程中，杭州娃哈哈集团门前补鞋张师傅的故事引起我的兴趣。张师傅名叫张方全，浙江绍兴人，1949 年腊月出生，小学一年级文化，农民，33 岁的张方全八十年代到杭州清泰街做补鞋生意，老张目前还在补鞋，年收入约 2 万元，儿子媳妇都属打工族，一家五口生活倒也其乐融融。闲聊中，老张也有一些迷惘和不解，他说，宗庆后在马路对面几乎和他同一时代创业，他补鞋，宗总搞饮料，20 多年过去了，宗庆后成了大陆首富，而他还在补鞋。老张问，同样是早起晚睡，同样是吃尽辛苦，差距咋就这么大呢?! 张方全老人的困惑让我一时无语。这使我想到驴和马的寓言故事，或许对老张们能有所启发。相传，唐太宗贞观年间，长安城西一家磨坊里，有一匹马和一头驴，他们是好朋友，马在外面拉东西，驴在里面推磨。贞观三年，这匹白龙马被玄奘大师选中，随他前往印度取经。17 年后，这匹马驮着佛经回到长安，被封为神。事业成功后的白龙马又到磨坊回访当年驴友，与驴谈起旅途经历侃侃而谈：浩瀚的沙漠，入云的雪山，异国风情，美女妖怪，驴子不禁惊呼：差距大了！自你西天取经后，我每天都勤勤恳恳，一步也没比你少走，老天不公啊！这说明方向很重要！机遇很重要！同志们，我们愿意做西天取经白龙马呢，还是做原地打转蒙眼驴呢？！

2014 年与杭州娃哈哈集团门前补鞋的张方全先生合影

三、创新招商方式

凡事要与时俱进，招商亦是如此。互联网时代改变了我们的生活方式，网上招商应该是我们招商转型的方向，比如通过微信、微博广泛结交企业家朋友。招商就是一门交朋友的学问，要秉承"先交朋友再谈项目"的理念，不可言必谈招商，否则会引起对方不快。我与雨润企业招商中就很好体现了这一特点，为了引进雨润品牌企业到宿迁，自

2007 年我就结识了雨润集团投资部王韵钢先生。虽然项目洽谈一波三折，但我们一直作为朋友保持着联络关系，谈食品产业发展，谈宏观经济走向，甚至谈人生发展规划。虽然至今项目没有谈成，作为食品加工项目最终落户在泗阳县，但双方思想碰撞对本人的产业集聚招商理念给予很大的帮助。

创新招商还体现在善于思考。2012 年春节期间，我想，如果能在大年三十给娃哈哈董事长宗庆后送上一束鲜花多好啊！以此表示对娃哈哈事业的新春祝福，但春运期间的出行实在是太不方便了。我试探着拨通 0571114，询问杭州市区鲜花店的号码，拨通杭州天堂鸟鲜花店，询问能否给予送花业务，得到满意答复后，在其提供的账号上汇上 300元。2012 年大年三十中午 12 时，一束漂亮的新年祝福鲜花被摆到宗庆后的办公桌上。既节约了成本，又提高了效率，可谓事半功倍。

在招商过程中，一些企业的创新理念也给我留下深刻的印象。福建漳州天福茗茶，其创始人是台湾客商世界茶王李瑞河。通过 APEC 一举打开国际市场，目前 1000 多家天福茗茶连锁店遍布全国各地，其进门先品茶的温馨服务理念令人耳目一新，我有幸参观在漳州的天福茶学院和茶博物院，"茶和天下"给每位游客以心灵洗礼。

创新招商方式很重要。2013 年 12 月，我有幸在北京参加中国企业家年会并结识一批知名企业家，其中与万达集团董事长相遇颇具戏剧性。得知当天有王健林主题演讲，我早早在会场的"王健林"席卡前等候。待王总刚一落座，我就呈上自己的名片，王健林当即礼节性对我回馈名片。让我惊讶的是，王总名片上赫然印上其手机号码，这是招商会上不可多见的现象。从此，我更钟爱在企业家年会上开展招商活动。每年春节，我都会给王健林送上祝福，并诚挚邀请他方便时到江苏宿迁考察洽谈。

宁杭高速天目湖服务区的天福天壶

四、一生只做一件事

张学良将军名扬天下，但综其一生主要做了两件事：一件是东北易帜，一件是西安事变。可见，事不在多而在精。乾隆皇帝一生写诗无数，仅在宿迁的乾隆行宫的御碑上就刻了 5 首诗，但终究没有冠上诗人皇帝的标签。而唐朝的张继一生仅作一首诗，就是脍炙人口的《枫桥夜泊》。"月落乌啼霜满天，江枫渔火对愁眠。姑苏城外寒山寺，夜半钟声到客船。"所以张继凭此成为流传千古的著名诗人。我们招商人从中亦应悟出一定道理，招商不在多，关键要招引对本地特色产业有带动的龙头型项目。

美国的特劳特"定位"理论对招商有一定指导意义，定位理论的核心是占有消费者的心智，比如，"怕上火，喝加多宝！""喝娃哈哈，吃饭就是香！""香飘飘奶茶，奶茶香飘飘。"这些经典广告语一经播出，很快就占据大部分消费者的心智，很难从他们记忆中消除。我们在推介招商载体时，就要突出自己的特色。本人认为特色太多等于没有特色，要突出与众不同的真正特点加以宣传，如宿迁的生态环境与特色食品产业，可大力推介"生态宿迁　绿色家园""诚信宿迁　投资乐园"品牌形象的宣传。

五、快乐招商

米卢的"快乐足球"理论，带领中国足球走进世界杯赛场。我们招商同样需要"快乐招商"理论，压力太大反而不利于招商工作开展，就如同弹簧需要伸缩，长期压力下，弹簧很难再弹回原来的形态。招商人也要学会思想减压，比如户外运动或野外大喊，都有利于缓解压力。娃哈哈招商最困难时期，我在一个周日上午，独自骑着自行车在杭城游览，骑行在苏堤、白堤、杨公堤，使我联想到唐朝白居易、宋朝苏东坡，他们都是不得意时在杭州为官，却留下西湖边最为灿烂的文化遗产。尤其到龙井问茶、上北高峰揽湖，都给人以心旷神怡、气爽神清之感，西湖是上帝对人类一个美丽的馈赠，每次观赏都有不一样的感受，给人以灵感，给人以启迪。

招商人自然要行万里路，如能在旅途中有选择读些喜爱的书，不仅可增长知识，还能启迪智慧，真是人生一件乐事。《胡雪岩传》《西湖梦》《岳飞传》《苏东坡传》以及余秋雨系列散文，都是我招商途中选购的读本，给本人的招商旅途带来无限的欢乐和愉悦。

（本文作于 2014 年 3 月）

第二章 招商实践（1999—2010）

□ 皓月映繁星

□ 我眼中的宗庆后

【写在前面的话】

本章收录 1999—2010 年专业从事招商实践的感悟与体会，共收录"我眼中的宗庆后"等六篇文章。娃哈哈项目正是在此阶段招商成功的，这一时期发表的作品多以娃哈哈招商为案例，解读如何开展大项目招商的启示与感悟。如"皓月映繁星"，对如何开展大项目招商给出六条启示。

1999 年，本人放弃了较为优越的财政工作，来到开发区从事梦寐以求的专业招商工作，完成工作生涯的一次重要转型。但招商第一年因招商实绩不明显险遭"末位淘汰"，经过五年坎坷的历程终于实现引进中国饮料龙头老大娃哈哈的梦想，因此获得宿迁市建市十年十大功臣的荣誉。2006 年 7 月，本人作为招商引资先进个人，以"遥遥招商路，不辞万千苦"为题在宿迁市作巡回演讲。

这一时期发表的文章，大多反映笔者对招商实践的探索历程，有面对挫折对招商事业的不舍，亦有招商成功后的喜悦与感悟。特别是在娃哈哈项目历经曲折最终成功后，本人突感肩臂轻松，略显身心疲惫，在文章的字里行间都能寻出招商人不一样的心路。

宿迁经济开发区着力加强软环境建设

【背景介绍】1999 年下半年，宿迁经济开发区面向社会招录 5 名招商人员，笔者在得知消息后第一时间报了名，历经笔试、面试、试用等多个环节后终于如愿踏上招商岗位，本文是笔者刚到开发区从事招商工作不久在媒体上发表软环境建设的文章，提出了"亲商""富商""安商"意识以及"以软补硬"的招商观点，刊登于 1999 年 9 月 15 日《宿迁日报》。

宿迁经济开发区在完善基础设施等硬环境的同时，树立和增强"亲商""富商""安商"意识，着力加强开发区的软环境建设，通过"以软补硬"促进开发区招商引资工作。

树立"亲商"意识，提供高效优质服务。自投资者进区洽谈合作意向开始，开发区就有专人负责接待，精制的宣传画册使投资者对开发区的概况和各项优惠政策一目了然。进区投资者只要材料备齐，进区的所有手续均由开发区代办，并保证在 10 个工作日内完成工商注册登记前的有关手续。开发区根据宿迁经济发展的实际，坚持大、中、小项目结合，外资、内资、民资相结合的招商方针，为个体私营经济专批一块民营经济区。

树立"富商"意识，尽力提高投资回报率。开发区成立不久，就出台了投资优惠政策，并对各种收费实行扎口管理，将原有的107项行政事业性收费降为1项，使宿迁经济开发区成为全国收费最少的经济开发区。9月11日，宿豫县私营企业业主卢秀强看到开发区有关优惠政策后，立即前往考察，并初步定下购置10亩土地建厂的意向。

树立"安商"意识，主动为投资者解除后顾之忧。经济发展局作为开发区管委会的职能部门，对所有进区项目实行终身服务制，即从项目进区办理手续开始，直到项目投产、企业运营过程中所出现的问题，开发区都将出面予以协调解决。宿迁汽车检测中心是首批进区企业之一，当开发区了解到该中心有关优惠政策未完全得到落实，就主动安排专人予以协调解决。

（本文作于1999年9月）

招商梦

对投资经贸洽谈会招商的几点认识

【背景介绍】2001 年 9 月 8—12 日，作者参加第五届厦门投资贸易洽谈会，针对大型招商会热热闹闹交换名片，会后冷冷清清没有效果的现象，结合亲身感悟写下了对经贸洽谈会招商的几点认识，目的是探索如何挖潜大型经贸洽谈会招商成果。该文发表于《宿迁日报》理论与实践栏目。

投资经贸洽谈会具有时间较短、信息量大、客商集中等特点，如何在有限时间内扩大招商成果是招商人员长期思考的问题，本人结合参加厦门等地洽谈会的体会谈三点认识。

一、注重宣传、务求实效。宣传投资环境是各类洽谈会的基本任务之一。除了摊位展示、分发材料等宣传方式，还可通过当地媒体报道进行宣传。宿迁市开发区在今年厦门洽谈会上就以"宿迁打起'短平快'"为题在《厦门商报》上进行了报道，起到了很好的宣传效果。为了稳步推进我市招商引资工作，对洽谈会上的招商成果必须坚持实事求是的原则，坚决杜绝表面文章。

二、灵活出击，重点突破。如果在大会尚未开始前拜访客商，可以起到事半功倍之效。宿迁市开发区在厦洽会开幕的前一天就与马来西亚中小企业协会秘书长方雅立先生交上朋友，为双方的进一步洽谈培养了很好的感情基础。洽谈会上首先要通过互换名片进行大面积"撒网"，对有合作意向的客商可利用午餐或晚上间隙时间进行再次接触，以求重点突破。在展位招商的同时，还可主动出击，针对性地接触一些客商，以获取更多的信息源。

三、筛选信息，加强跟踪。真正的功夫在会外，洽谈会落幕标志着实质招商活动的开始，对会上信息进行梳理分类是招商活动的重要环节。洽谈会上的各类信息难免鱼龙混杂，我们应善于对信息进行去伪存真、去粗取精的处理，对筛选后的重要信息坚持长期跟踪。对于时机尚未成熟的有价值信息，可以通过分类整理列入项目库存。

（本文作于 2001 年 9 月）

在大型经洽会抢抓机遇提问，是一种推介宣传方法。

招商梦

对敲门招商的几点看法

【背景介绍】如何开展敲门招商，是招商人员一门基本功课。作者在招商之初走过许多弯路，在敲门招商过程中积累一些经验和教训，将其中的"事先约定"等一些感受与广大招商同仁分享，主要是切磋交流之意。此文发表于《宿迁日报》经济漫谈栏目。

敲门招商是通过招商人员登门拜访与客商当面洽谈的一种招商方式，如果策略运用得当，将会起到事半功倍的效果。本人结合近期在东莞地区 20 天的敲门招商经历谈几点感受。

敲门招商必须分类选择。盲目的敲门招商不仅增加了招商成本，而且不会取得满意的效果。首先，要对所掌握的客商信息进行认真的分类整理，然后，根据我市资源及区位的特点进行有选择的招商，将有利于提高项目的成功率。

敲门招商必须事先约定。一般大企业的老板有着很强的时间观念，对不约而至的来客不会报以应有的热情。如果事先经过电话或者信函约定，不但有利于营造融洽的会谈氛围，而且有机会与企业决策层人物直接接触。

敲门招商必须注意对外形象。招商人员在洽谈中要保持一种谦和礼貌、不卑不亢的气质风度，同时，注意自身的衣着及言谈举止，以良好的素质赢得客商的尊重和信赖。

敲门招商必须注重策略。"双赢"是招商洽谈中的基本策略，在具体洽谈时，要根据当时的情景灵活掌握话题，本着先交朋友再谈项目的宗旨，稳步推进洽谈深度。对暂时没有投资意向的客商也要热情相待，并作为后备库进行长期跟踪联络。

（本文作于 2004 年 10 月）

招商梦

皓月映繁星

——"娃哈哈"项目对宿迁市大项目招商的启示

【背景介绍】地级宿迁市于 1996 年设立。建市之初，市委市政府将工业突破作为主要的兴市战略之一。在全市上下大力开展招商引资之计，为了更好地推动大项目招商工作，分享娃哈哈招商过程中的经验教训，笔者根据亲身参与娃哈哈项目招商经历，深入挖潜娃哈哈对大项目招商的启示，写下了"皓月映繁星"。其题意为：满天星星不如一个月亮，意指大项目招商的重要性。本文发表于 2006 年 4 月 3 日《宿迁日报》。

2006 年 3 月 23 日，首瓶宿迁产娃哈哈饮品在宿迁经济开发区顺利下线，标志着杭州娃哈哈集团正式开启在宿迁创业的序幕。宿迁娃哈哈项目首期占地 150 亩，总投资 2 亿元人民币，主要生产乳制品、茶饮料和碳酸饮料，年产值 2 亿元，年利税 5000 万元，是宿迁市近年来引进开发区的又一知名品牌。回顾娃哈哈项目招商历程，笔者认为有六个方面可供大项目招商过程中借鉴。

跟踪有价值信息

娃哈哈项目早在 2000 年我市就开始进行跟踪联络，5 年来联络跟踪娃哈哈项目的工作始终未断，保证了该项目洽谈的连贯性和承诺口径的一致性。按照先交朋友后谈项目的思路，我市招商人员广泛接触该公司各阶层人员，做到了该公司高层及相关人员每人案头都摆放一套宣传宿迁的《投资指南》和光盘。

2002 年娃哈哈集团决定在徐州建厂后，我市招商人员主动帮其解决在市场上遇到的问题。2004 年，面对多年引资都无功而返的巨大思想压力，我市招商人员坚守"一定要做好一件事"的信条进行坚持。在市委、市政府及开发区主要领导关心支持下，该项目终于在 2005 年 8 月招商成功。可见，对有价值的重要招商信息，一定要坚持长期跟踪，哪怕有 1% 希望，也要付出 100% 的努力，即使遇到困难和挫折，也不能轻易放弃。

细节决定成败

在娃哈哈项目招商过程中，娃哈哈集团三次到宿迁考察，我市注重细节的周密安排，给客商留下了深刻的印象。在接待就餐、会议洽谈及来访的客人房间都清一色供应娃哈哈饮料，为双方洽谈提供了良好的氛围。

2002 年 7 月 30 日，杭州娃哈哈总裁宗庆后、党委书记杜建英、投资部主任顾小洪走下飞机时，由于当时接机人员并不认识杜建英书记，她就被冷落在了一边。而反应灵敏的机场所在地接机人员抓住这一机会，"借花献佛"为本地招商，我们尝到了因细节失误带来的代价。

招商梦

3 年后，杜建英书记来宿迁参加娃哈哈项目开工典礼，在徐州火车站面对着宿迁市接待人员献上的一束香水百合时，面带笑容感慨地说：我现在真正感受到了宿迁的变化是越来越大了。

灵活掌握洽谈技巧

娃哈哈属于食品饮料行业，对水质要求比较高，我市领导在介绍情况时就突出骆马湖地表水符合国家二级水质这一优势进行介绍，同时利用"洋河""双沟"两大名酒，间接宣传我市良好的水资源。

2005 年，该公司决定在苏北增加投资，然而洽谈中出现了问题，因为 500 公里半径辐射圈内不重复建厂已是该公司执行多年的规定，而徐州和宿迁仅相距 100 多公里。"距离好近啊！""怎么讲？"该公司投资部顾小洪诧异地问。我市开发区领导接着说："宿迁距徐州仅 1 小时车程，完全可以作为两个车间管理，这样一套人马管理两个分厂不是更经济吗？"，因为我们通过调查了解知道娃哈哈杭州总部距离下沙基地也是 1 小时车程，一个反向思维促成了项目洽谈新的转机。

注重配合协作

招商如同一场足球赛，更多时候是提供信息和项目洽谈多人合作而成，所以招商引资务求团结协作，避免多头洽谈，造成口径不一，导致被动。在娃哈哈招商过程中实践证明，相互配合是招商成功的重要途径，尤其是大项目招商更显重要。

同时，注重社会资源的整合运用，也有利于共同促进项目洽谈成功。我们利用娃哈哈总裁宗庆后先生出生宿迁进行亲情招商；利用"非典"期间慰问感动式招商；利用《中国食品报》《浙商》杂志策应招商等，对项目成功起到很好的效果。

服务就是招商

项目签约后，招商工作仅仅完成了一半。优质高效为其服务，尽快让客商投产达效才是更重要的招商。娃哈哈项目进入经济开发区后，开发区专门成立了项目服务小组，从营业执照、卫生许可证、进出口许可证等相关证件的办理，到现场水、电、路等"六通一平"的完善，实行24小时不断服务。

良好的服务迎来了客商的赞许和认可，杭州娃哈哈集团公司决定在宿迁市再增加一条生产线，投资规模扩大到3亿元人民币。娃哈哈项目的落户更增添了宿迁投资环境的说服力，生态宿迁的无形品牌将更具市场魅力。

突出品牌招商

随着宿迁改革开放的深入和社会各项事业的快速发展，我市在全国的知名度逐步提升，很多企业都想了解宿迁，生态、诚信、区位、电力等方面也正逐渐成为我市招商的优质品牌。

生态宿迁对食品、轻工行业有着独特的吸引力；诚信宿迁更以海纳百川之势，吸引有识之士前来投资创业；四通八达的交通区位是宿迁近年大项目成功的基本条件；电力资源丰富，用电高峰期不会拉闸限电。所有这些，均已构成宿迁的对外品牌，对提升区域竞争力有着很大促进作用。

（本文作于2006年4月）

招商梦

我眼中的宗庆后

【背景介绍】宗庆后作为娃哈哈集团的创始人，在相当长时期内一直保持低调务实的工作作风，娃哈哈品牌已是家喻户晓，但对其掌门人宗庆后却知之甚少，甚至有些神秘色彩。由于多年的娃哈哈招商和"荣誉员工"帮办服务经历，笔者有机会多次与宗庆后见面及交流。笔者通过招商中对宗庆后所见所闻，写下了"我眼中的宗庆后"，该文写于娃哈哈与达能品牌纠纷之时，发表在《宿迁浙商》杂志。

自达能与娃哈哈纠纷以来，由于娃哈哈荣誉员工的特殊身份，我密切关注事件发展，曾两次到杭州送去《商标法》《公司法》等相关书籍，三次向宗庆后总裁函递依法保卫娃哈哈品牌相关建议，得到宗总认可并安排总经办电话致谢。更为难得是，2006 年 6 月 30 日，在娃哈哈集团向中外媒体高调发布信息前夕，笔者有幸应邀到宗总的办公室就达能纠纷事件进行半小时的面对面交流，真正实现了与宗庆后的零距离接触。

宗庆后是娃哈哈的创始人，靠"喝了娃哈哈，吃饭就是香"，成功开发国内第一个儿童保健品，掘得第一桶金；靠"小鱼吃大鱼"，兼并国营杭州罐头食品厂奠定发展基础；靠利用外资"引水养鱼"，形成规模经营；靠"西进北上"，实施"销地产"战略，一举成为国内最大的饮料企业。

宗庆后是南宋名将宗泽的后代，1945年10月12日出生在江苏宿迁市东大街。坚韧、儒雅、当机立断是他给我的总体印象。一是嗜书成癖，且内容很复杂，但看得最多的还是广告、营销、市场和企业管理方面的书籍；二是内向性格的背后隐藏极大的"韧性"和"爆发力"，如同李嘉诚说自己"谦和的外表下其实有一颗骄傲的心"；三是惜誉如金，以诚待人是他的行为准则且已渗入娃哈哈的企业文化。此次与达能纠纷中某些媒体不实之词给他荣誉带来负面影响曾令他拍案而起。宗庆后对毛泽东崇拜有加，毛主席的一些军事战略战术被他引到市场营销中来。他说："中国市场的肉在城镇，而骨头在大城市"，他后啃骨头先吃肉的营销战略正是毛泽东农村包围城市战略思想的体现。宗庆后的思维是跳跃式的，有一次在饭桌上谈到宿迁泗洪是革命老区的话题时，他突然问道："当年，宿迁距国民党总部南京如此之近，且一马平川，我党以何屏障在此落脚？""我们有洪泽湖的芦苇荡啊！"我脱口而出的回答，竟得到他的点头认可。

宗庆后每年考察洽谈3个月，市场调查5个月，飞机上240小时，而三餐合计每天不超过1小时。他唯一的爱好是工作，休闲的方式还是工作，工作几乎成为他的全部。宗庆后驰骋商海以其卓越的领导才能而备受尊敬。他是十届、十一届全国人大代表、全国劳动模范。宗总在娃哈哈集团内部享有崇高的威望，从上至下强调的就是对他决策的执行力。正是这种高效快捷的强势运营体制，把娃哈哈一步步带到今天的中国饮料龙头企业的地位。

宗庆后20年苦心经营的娃哈哈品牌如今在国内外有很高的知名度和美誉度，特别是"非常可乐"横空出世，打破了两大洋可乐一统天

招商梦

下的局面，"非常可乐，中国人自己的可乐！"使国人看到了民族品牌振兴的希望。尽管目前娃哈哈与达能的纠纷给娃哈哈集团公司带来一些影响，但我们坚信，勤奋、诚信、创新的娃哈哈人在宗总的带领下，一定会渡过暂时的难关，迎来娃哈哈一路高歌猛进更快更好发展的新局面。

（本文作于 2006 年 8 月）

2015 年与娃哈哈集团董事长宗庆后在杭州合影

推荐虞美人为宿迁市花的三大理由

【背景介绍】在"我为中心城市发展献一策"头脑风暴大讨论中，适值宿迁市树市花评选活动，笔者结合自身园林知识，作此文推荐市花，虞美人虽未能入选市花，却得到一定程度的普及与推广。

虞美人别名赛牡丹，为一年生草本植物，在宿迁大地及世界各地多有栽培，比利时还将其作为国花。我推荐虞美人为宿迁市花的理由如下：

理由一：虞美人相传为虞姬的化身，在沭阳的虞姬沟有着许多美丽动人的传说和故事，将虞美人定位市花，可彰显我市悠久的楚汉文化底蕴。

理由二：虞美人花色鲜艳，花形美丽，广受市民喜爱。轻盈的花冠似朵朵红云，热烈而富有朝气，其姿其容大有中国古典艺术中美人的丰韵，堪称花草中的妙品。

理由三：虞美人开花很有特点，花朵未开时椭圆形花蕾静静垂附着，似宿迁人行为低调，埋头干事的特点。待到花蕾绽放时，弯着的身子渐渐直立起来，昂首挺胸，外包的萼片突然脱落，蓄积多时的花朵瞬间绽放，体现了宿迁人抓住时机促成飞跃干成事的精气神，是"我能、我行、我成功"理念的最好诠释。

日本因樱花而增添神奇，荷兰因郁金香而增添浪漫，杭州因桂花而增添灵气。我们有理由相信，虞美人一定会给宿迁生态文化建设增添一抹亮丽的风采。

（本文作于 2008 年 6 月）

虞美人

招商梦

第三章　招商思考（2010—2015）

□宿迁食品产业大有所为

□看足球谈招商

【写在前面的话】

　　本章收录 2010—2015 年发表的各类文章七篇，这一时期文章，体现笔者从招商员到分管招商思考角度的转变。有谈食品产业发展，有谈工业园区建设，也有关于园林城市的思考，是在具体招商方法基础上对产业发展等层面予以一定思考。比如，"宿迁食品产业大有作为"提出了对特色产业的招商与培育，对宿迁市打造中国食品工业名城给予展望，"看足球谈招商"提出了团队精神对招商的重要性。该部分名曰："招商思考"，即在招商基础上的一些产业发展及园区建设等方面的认识与思考。

　　面对新常态下的招商环境，招商人必须与时俱进，更新观念，树立正确的政绩观，加大对客商的服务力度，同时坚持依法行政，科学推进招商引资工作的开展。

宿迁生态园林城市建设的思考

【背景介绍】2005 年 9 月—2010 年 7 月，笔者参加南京农业大学风景园林专业在职硕士学位学习，"宿迁生态园林城市建设的思考"是硕士学位毕业论文的节选。文章分析了宿迁生态园林城市建设的条件，指出了宿迁生态园林城市建设的不足，并对下一步工作给出一些中肯的建议。本文发表在 2013 年《宿迁论坛》第 3 期。

宿迁是江苏省北部年轻而又古老的城市，自 1996 年建市以来，生态园林城市建设取得了不俗成绩，特别是获批国家园林城市以及正在创建的全国卫生城和生态模范城市，逐步把宿迁市打造成为："不堵车、很干净、玩不够的苏北最美城市。"为更好地推进宿迁生态园林城市建设，笔者结合实地调研情况进行一些分析和思考。

一、宿迁生态园林城市建设的地理条件分析

宿迁市属亚热带与暖温带过渡带，年均气温 14.2℃，年均降水量 910 毫米，年均日照时数 2291.6 小时，无霜期 210 天左右。5~9 月份

乾隆行宫御碑亭

平均温度 23.8℃，温暖指数 110℃～120℃之间，雨热同季。6～8月份平均气温 25.9℃，而且这时又是梅雨季节，降水量大，可以满足树木生长量最大时的水分需求。

土壤大部分为潮土，有效层深度平均在 1.0 米以上，土壤通气性好，提供了林木根系充分生长发育的条件。地下水位介于 1～2 米之间，土壤 PH 值 6.5～7.5，适宜多种林木生长。土壤含盐量（土层 0－20cm）1.5‰或更低，没有干旱、半干旱地区的次生盐渍化的现象，土壤多属两合土，透气性好，有机质含量较高，广泛适应园林植物生长。

但宿迁在生态园林城市建设中也存在不足条件。一是常绿树种不多，树形较好的香樟、广玉兰等在寒冷冬季容易受冻害。二是夏季雨水较多，耐湿性不好的植物容易受水害。三是群众对生态环境观念有待进一步提高，重建设轻管养现象还时有发生。

二、宿迁生态园林城市建设现状及存在问题

宿迁在综合分析历史、文化、地理及经济状况的基础上，扬长避短、开拓创新、充分利用中心城市"两河"等自然优势，坚持"经济、实用、生态"三者结合的原则，走出了一条低成本、集约式、高效益的后发展地区城市园林绿化建设之路。坚持"立足市情、科学创建；以人为本，和谐创建；因地制宜、节约创建；多元投入、合力创建"，按照国家园林城市标准，规划实施了道路景观绿化、城市出入口绿化、单位和居住区绿化创优、绿色通道建设、苗木基地建设、风景名胜区建设、环境综合整治等一系列绿化建设工程。

宿迁市将嶂山森林公园和骆马湖引入城市，江苏省第七届园艺博览会在宿迁成功举办，在骆马湖畔留下供游人长久游览的园博园。以市区内主要交通干线、河道为经纬进行绿化、形成了城市绿化大格局，同时，围绕四河（古黄河、运河、民便河、六塘河）两湖（洪泽湖、骆马湖），大做水、名、林文章。

以古黄河、大运河两旁绿地为重点，成功建设古黄河风光带和运河风光带，改善了城市水环境和景观品质，为"南水北调"水质安全提供了保障。同时，全力推进骆马湖、洪泽湖风景区建设，尤其国家级洪泽湖湿地公园建设，为生活在都市的人们提供了真正放松心境的去处，充分展现"两河两湖秀色，绿色生态宿迁"的景观特色。

现在，古黄河—运河风光带两岸绿树成荫，河水清澈透明、水土流失减少，水环境质量明显提高，昔日的"洪水走廊"现已成为名副其

实的"绿色屏障"和中心城市的"绿肺"。值得称道的是，古黄河雄壮河湾公园的设计理念先进，已堪称国内一流水平，造型各异的桥梁将水系巧妙沟通，起伏不断的地貌与园路自然衔接，乔灌木与草坪花卉错落搭配，营造了苏北特有的园林景观。

公园绿地的建设在继承传统的基础上，勇于探索，创造新风格；绿地突出植物造景，植物品种的选用符合生物气候带的要求及物种多样性原则，以天然植被为基础，积极挖掘和利用适应本市各种生态环境的乡土植物，同时大力引进可以适应本地生态环境的外来树种；植物配置科学合理，注意乔灌草、常绿与落叶相结合，形成优美丰富的植物景观；园林建筑、小品、景观石等的建设在与周围环境协调的基础上注重体现城市特色，充分展示城市历史文化风貌。建设中的宿迁项里景区项目获得重大成功，在项羽手植槐少有古迹基础上，以秦末农民起义和楚汉战争历史为背景，打造古色古香、雄浑霸气的规模宏大景区，蜂拥而至的游客证明此项文化历史景观开发的巨大成功。楚汉文化和城市园林有机融通的成功开发，为下一步乾隆行宫及京杭大运河为代表的明清文化挖掘积累了宝贵经验。

宿迁生态园林城市建设中还存在一些不容忽视的问题，比如绿地面积有待进一步提高，公共绿地类型不丰富，缺少高品质、多样性、主题性、专业型风景园林公园。另外，一些园林景观设计上也存在不足。如在园林绿化上不足表现为：低头是铺装（加草坪），平视见喷泉，千孔一面、大同小异、草多树少、大而不当，忽视了广场休闲、纳凉、交际等社会功能。

栽植太密，树种搭配不合理。一是绿化苗木栽植密度不合理，普遍太密，栽植的雪松株距仅有 2～3 米，栽时树梢已经搭交在一起。二是有些树木栽植距路边太近，造成树木枝杈伸展占据路面。这种情况在乡镇街道绿化中非常普遍。

招商梦

三、宿迁生态园林城市建设的对策与探讨

1. 宿迁生态园林城市建设应进一步增强生态建设意识

建设生态宿迁是贯彻科学发展观的具体体现。生态环境建设是社会、经济、环境系统协调发展的基础和关键所在。树立和落实科学的发展观很重要的一条，就是要坚持不懈地实施可持续发展战略，统筹人与自然和谐发展，建设生态保护型社会。充分借助创建全国生态模范城市之机遇，加快生态宿迁发展步伐，扩张绿化总量，改善生态环境，改善人居环境，提高生活质量，把宿迁打造成为华东的一块净土，江苏的两湖清水，淮海经济区的一片森林，黄淮海地区的最大"氧吧"，实现经济与人口、资源和环境的可持续发展。

2. 宿迁生态园林城市建设应遵循科学的建设原则

一要统筹规划，合理布局，分期实施。统筹城乡保护与开发，注重针对性和各具特色，实现有序、健康、跨越式发展。对项里公园的手植槐、乾隆行宫的古柏树、前大庵院内皂角树等古树名木做好保护工作。通过对文化古迹保护性开发建设，推进宿迁旅游事业发展，比如对项王故里、乾隆行宫、嶂山公园等景区的提升改造，将会取得经济效益和社会效益双丰收。

二要经济效益兼顾，生态效益优先。坚持与地方国民经济、社会可持续发展目标相衔接，在确保发挥生态效益的基础上，充分发挥经济效益，促进生态产业在产业结构调整和农业产业化中的贡献。大力营造生态林，有选择地发展经济林等高效林业，发展高效林农复合经营，促进增产和农民增收。同时，注重高品质城市街头园林绿地建设，为市民休闲娱乐提供优质载体，在树种选择上注重"适地适树"原则，在地形地貌上因地制宜。比如，宿迁在原有废弃砂矿上建设生态高尔夫球场就

是一个生态园林建设的成功案例。

3. 在城市总体规划修编中注重彰显宿迁特色定位

城市规划作为城市建设的龙头，其好坏最终直接影响到该城市建设的品位与质量。宿迁将市域环境定位为"两河两湖水乡、绿色生态宿迁"，城市环境定位为"森林式、环保型、园林式、可持续发展的湖滨特色生态城市"。目前，国内一些城市因规划中忽视自身历史文化及区域特色定位，导致城市面貌千篇一律，缺乏个性风采。生态园林宿迁在总体规划编制与修编过程中，既要充分重视专家的意见，又要广泛发动公众参与城市规划工作，充分挖掘宿迁特色的历史和区域文化定位，记得住乡愁，使宿迁城市建设有自己的鲜明特色，有自己的个性特征。

4. 借鉴国内外生态园林城市建设的经验

美国和新加坡在生态园林城市建设上有很好的先进理念值得我们学习借鉴。美国在21世纪的重大绿化任务就是把以前的城市公园和开阔空间连通，使美国居民能自由进出他们的住宅附近的绿地空间，在景观上把城市与农村连接起来。位于东南亚的美丽城市新加坡，前国家总理李光耀吸取欧洲城市发展的经验教训，引入"花园城市"理念，并坚持不懈的实施，充分利用地处热带气候植物优势，以青绿与蓝色为城市主色调，整个景色由热带植物交织，使城市宛如一座绿色大花园。杭州、苏州等许多园林城市以优厚的自然条件为依托，以历史文化遗产为背景，建立较为完善的绿地系统。南京是文化遗产型的园林城市，自然山水奇胜，历史文物丰富，自然景观与历史古迹相应生辉，紫金山与玄武湖山水相依，形成南京这一历史文化名城独特的生态园林景观。宿迁是只有建市不足20年的年轻地级市，但历史文化底蕴丰厚，可以借鉴国内外城市建设先进理念，打响"生态宿迁，绿色家园"城市品牌，立足"两湖两河"自然水资源优势，挖掘生态与园林两方面潜力资源，打造独具魅力的苏北生态园林城市形象。

宿迁作为后发地区对生态园林城市建设的探索还有很长的路，只要我们借鉴发达地区成功经验，同时立足"青春、改革、生态好"的城市名片，积极挖掘其楚汉文化、运河文化及生态文化，在生态园林城市建设中不断创新，勇于探索，独具苏北特色的生态园林名城的目标就一定会实现。

（本文作于 2010 年 7 月）

作者与项里桐合影

宿迁食品产业大有作为

【背景介绍】2010 年 11 月 2 日，首届中国（宿迁）食品产业高峰论坛在江苏宿迁经济开发区成功举办，娃哈哈、汇源、蒙牛、嘉士利、洋河等一批国内知名食品企业巨头齐聚宿迁，就食品产业发展趋势各抒己见，产生了较大影响力。作者作为活动的组织者之一，在论坛前夕满怀激情写下了"宿迁食品产业大有作为"，文中体现了将宿迁打造成为中国食品工业名城的期盼，该文发表于《宿迁日报》。

　　近年来，在江苏省宿迁市委、市政府产业发展战略思想指导下，宿迁市食品产业呈现蓬勃发展的势头，洋河、双沟、娃哈哈、汇源、蒙牛、达利园、嘉士利等一批知名品牌食品企业在宿迁形成一道亮丽的风景线，对宿迁市增加财政收入、提高农民收入等方面产生积极的影响。作为食品产业招商人员，我们倍受鼓舞，更加坚定开展食品产业招商的信心和决心，笔者结合在招商一线的所感所悟对宿迁市食品产业发展谈几点认识。

　　第一，确立食品产业为宿迁市第一特色产业的战略定位，打造国家级食品工业名城。宿迁建市以来，市委、市政府明确提出了"差别竞争、特色取胜"的发展战略，高度重视特色产业的打造与培育，传统的酿酒业和新兴的食品饮料业焕发勃勃生机，2009 年全市食品行业总产值近 200 亿元，初步显示了宿迁食品产业发展的强大生命力。食品产业可以作为宿迁的特色产业中的特色予以重点培育扶持，应以年初市政府出台的《宿迁食品饮料产业振兴和发展规划纲要》为指导，进一步确立食品产业特别突出的战略地位，瞄准千亿元级产业目标加快发展，努力打造国家级食品工业名城。

第二，充分利用省级食品产业园载体优势，争取更多知名食品企业落户宿迁。省级食品产业园的批复，为宿迁市发展特色食品产业提供了有效的载体。近年来，通过招商引资实现了一批知名食品企业在宿迁市落户，实现了食品产业从小到大的华丽转身，除了传统上洋河、双沟两大名酒引以为豪外，还有中国饮料行业排名第一的娃哈哈饮料，有中国果汁第一品牌的汇源，有中国饼干大王嘉士利，有中国乳制品第一品牌蒙牛，有中国休闲食品第一品牌达利，等等。通过对食品行业的招大引强攻势，完全可以争取更多的食品业巨头落户宿迁并不断发展壮大。应加强食品产业园的基础设施配套建设，加快宿迁经济开发区国际食品城的建设进度，2010 年 9 月宿迁食品产业园将正式获批为"国家级食品产业园"，为食品产业发展提供更加优良的基础保障和平台优势。

第三，加大宿迁特色食品产业的宣传力度，整合各方资源促进食品产业跨越发展。宿迁是农业资源大市，食品产业是适合宿迁市情的特色产业。面对周边地区机械产业、风电产业、汽车产业、电子产业等特色产业的不断形成与发展，加大宿迁特色食品产业宣传已显得尤为迫切和必要。可以与中国食品协会和《中国食品质量报》社等单位协作，在宿迁每年举办一届中国食品质量高层论坛，邀请一批知名食品行业企业家及知名学者汇聚宿迁，扩大宿迁生态品牌及特色食品产业的知名度和美誉度，集大家智慧与力量促进宿迁市食品产业提档升级，跨越发展。

食品产业对农业带动力强，且具有无污染、税收贡献率高等特点，大力发展食品产业将对宿迁实现跨越发展起到强有力的推动作用。宿迁娃哈哈2009年实现产值10亿元，纳税1.2亿元，已经成为除杭州总部以外全国较大的娃哈哈生产基地之一。娃哈哈在宿迁的不断发展壮大，也证明了宿迁具备农业龙头化企业发展的良好土壤与环境，愿大家共同行动起来，为宿迁特色食品产业的壮大与发展做出不懈的努力。相信在不久的将来，当人们踏上宿迁大地时，会看到一块醒目的金字招牌："欢迎您来到中国食品工业名城——宿迁！"

（本文作于2010年8月）

招商梦

传统产业亦风流

【背景介绍】发展新兴产业成为社会发展的一致共识，而食品产业作为传统产业代表如何定位呢？为了让大家更科学地认识发展像娃哈哈、汇源、蒙牛等品牌食品企业的重要性，作者在首届中国（宿迁）食品产业发展高峰论坛前夕在《宿迁日报》头版发表该文，产生很好的互动效应。

发展新兴产业是当下一种潮流，而传统的食品饮料业在宿迁却也有着独特的生命力，作为宿迁最具特色的产业而焕发出勃勃生机。中国食品工业协会党委书记王伟在考察宿迁食品产业园时感慨地说：宿迁食品产业大有作为！

新兴产业既包括新技术产业化形成的产业，也包括用高新技术改造传统产业而形成的新产业。宿迁的娃哈哈超净热灌装饮料生产线、汇源PET冷灌装生产线以及蒙牛国际样板乳业生产线均是从欧洲进口的设备，其现代化程度代表了国际食品饮料业一流水平，传统的食品产业经过技术创新完全可以融入新兴产业的发展潮流。

宿迁生态环境优越，农副产品资源丰富，又有淮海经济区大市场辐射之资源，对发展食品饮料业有着得天独厚的优势。随着娃哈哈、汇源、嘉士利、达利、雨润、蒙牛等一批知名品牌企业在宿迁大地落户，宿迁的食品饮料业初步形成了品牌集聚效应。宿迁经济开发区食品产业发展独具特色，聚集着娃哈哈、汇源、蒙牛等一批宝贵的民族品牌，已成功获批国家级食品产业园，这为我市大力发展食品饮料产业提供了重要的优质载体。

传统产业也有高新技术，传统产业也有新兴产业元素。品牌食品企业因其具有技术先进、纳税高、低碳环保、对农业带动性强等特点，已经成为我市招商引资的重点。从大项目到大产业，食品饮料业在宿迁可谓从小到大逐步成长，相信在市委、市政府发展特色产业战略思想指导下，经过全市上下共同努力，打造中国食品工业名城的美好愿景将一定会实现！

（本文作于 2010 年 11 月）

招商梦

开阔眼界长知识　认真思考谋发展

——赴美新型工业化学习体会

【背景介绍】2010 年 11 月 26 日—12 月 17 日，宿迁市组织了以张卫东为班长、徐勤忠为书记的第二批赴美国县处级干部新型工业化高级研修班，该文是笔者赴美学习后的心得体会，内容涉及太平洋彼岸美国的风土人情，对美国的枪支文化等社会现象提出一些思考，对美国的招商与交流工作也提出一些有益的探讨。"身负重托赴美学习新型工业化增长知识，开拓创新越洋之旅市场经济体大开眼界。"笔者的即兴对联在 25 位同学中产生强烈共鸣。

在组织关心下，我参加了宿迁市第二批县处级干部新型工业化高级研修班，于 2010 年 11 月 26 日赴美进行了为期 21 天的考察学习，通过加州长滩州立大学为期一周的课堂学习，十多天深入商会、企业、政府机构的拜访考察，对美国的政治、文化、经济、社会有了一定的了解，看到了中西方政治文化、价值观念、管理体制等方面的差异，对今后的招商引资及项目帮办服务工作有着很好借鉴及启示意义。

一、在美国的学习生活情况

2010 年 11 月 26 日上午 10 时（北京时间）从上海浦东机场起飞，历经 10 多个小时的飞行，我们一行 25 人于 2010 年 11 月 26 日上午 7 时（当地时间）到达旧金山，时差的概念第一次给我带来了如此震撼性的感受，原来美国总是比我们慢一天。带着初到地球另一端的激动，走下飞机的我迫不及待地打开了相机的镜头，记录了到美国第一个早晨的加州阳光。给我的第一印象是美国的生态环境确实很美！简单熟悉一下环境后，我们在洛杉矶进行了为期一周的课堂生活。

1. 课程内容丰富，互动教学生动活泼

此次新型工业化培训给我们安排了"美国政府结构简介""新型工业化建设的新产品开发战略""美国技术与创新""新型工业化建设的人力资源管理"等丰富多彩的内容，授课老师来自美国、韩国、中国台湾等多个国家和地区，有的用中文，也有的用英文（配翻译）教学。由于老师大多采用互动教学，一边授课、一边提问，气氛热烈，学习针对性强，取得了很好的教学效果。25 位学员分别从组工、财政、民政、礼仪、劳动、安全、招商等多个领域提出观点及问题，中西文化的差异交织着，中美两国国情互动着，碰撞出很多闪光点被我们铭记在心。孔子言"三人行，必有我师。"随行的学员正是我最好的老师。

2. 美国基本情况的初步了解

美国本土面积 962.9 万平方公里，位于北美洲南部，东临大西洋，西濒太平洋，北接加拿大，南靠墨西哥及墨西哥湾，共有 50 个州和华盛顿特区。这里原为印第安人聚居地，15 世纪末，西班牙、荷兰、法国、英国等开始向北美移民。英国后来居上，到 1773 年，英国在此建立 13 个殖民地。1775 年爆发北美人民反对英国殖民者的独立战争。1776 年 7 月 4 日在费城通过了《独立宣言》，正式宣布建立美利坚合众国，1783 年独立战争结束，1812 年后完全摆脱英国统治。在 1776 年后的 100 年内，美国领土几乎扩张了 10 倍，第二次世界大战后，美国国力大增。1972 年 2 月，美国总统尼克松访华，标志着中美两个大国关系朝着正常化迈进，现在中美已成为重要的经济贸易合作伙伴。在美国的机关、学校、医院和企业等单位都会看到星条旗在飘扬，体现了国家利益至上的象征意义。美国和我国国土面积相近，资源丰富，区域优越，由于其人口较少，人均占有资源十分优越。

3. 新知识冲击着，新观念碰撞着

教授提出了许多创新意识使我们记忆犹新，如品牌意识，像可口可乐、百事可乐、耐克、苹果等众多美国品牌，美国很多企业在经营着品牌，掘取大部分的利润，而把污染型和劳动密集型等生产基地放在东南亚等发展中国家。虽然在超市中大部分产品标有"made in china"，但我们付出辛勤劳动获取的利润仅占产业链中很少的部分，这就是经营品牌的能量。改革开放 30 年来，我国也创造了"娃哈哈""汇源""蒙牛"等自己的民族品牌，这就是我们走向未来的希望之所在。结合宿迁国家级食品产业园建设，我还不失时机地通过季晴华教授对可口可

乐、百事可乐、立时飞讯等美国企业进行招商工作。创新水平代表一个国家发展潜力，一项调查表明韩国、美国、冰岛在世界创新能力上排名靠前，而中国排名仅位列20名以后，可见，我们必须提高创新能力和水平，在新一轮经济发展中抢占先机，才能在又一个10年发展机遇期中获得更好更快的发展。对硅谷人才摇篮——斯坦福大学的参观学习，得知其校训为"让自由之风永远吹"，尊重学生自主创新能力的培养，与东海岸正统绅士教育风格不同，不拘一格任由学生自由发展，从而培养了一大批世界知名的企业家。正是以斯坦福大学为依托，在美国西海岸神奇般崛起一座硅谷。美国作为一个移民国家，其文化底蕴中拥有开放、包容、创新等特质，通过一系列优厚条件汇聚了世界上各方面优秀人才，从而提升其持久竞争力。美国处处洋溢着创新文化，其作用潜移默化并深远持久。给我们的启示是：一个国家或一个地区要取得持续不断的跨越发展，必须不断创新，必须重视和发展文化，使创新文化成为创新的巨大推动力。我们宿迁市提炼出的"生态为归宿，创业求变迁"的城市精神以及每年一度的创业文化节正在不知不觉中影响并改变着宿迁人的创新观念，对我市经济更好更快地发展起到很大助推作用。

二、招商人眼中的美国社会

自踏入美利坚这块神奇的土地，我就从一个招商人独特的视角认真观察着、记录着、思考着……

1. 美国的社会问题

我们在美国看到了硅谷创新经济发展带来的奇迹，认识到美国不断创新机制所带来的强大竞争力，但也看到美国的一些社会问题。其中重要一点就是枪支文化，在美国私人持有枪支是合法的，由此而引发的校园血案经常见诸报端。据了解，美国私人持有枪支达2.5亿支，排世界第一。随着美国人口的增多及一些社会矛盾的激化，大量散落民间的枪支将会给美国未来社会带来更多隐患，枪支案频发也给美国社会敲响了警钟，估计美国的枪支管理在未来会有新的政策出台以规范其管理。至于移民问题，美国大陆这块原本属于人类共有的资源，自 15 世纪末欧洲大量移民，通过后来一系列的移民政策出台，欧洲移民成为拥有这块资源的既得到利益获得者。非洲黑人以前是作为奴隶贩运的，而如今黑人做了美国总统，其中的演绎变化，真是沧海桑田，今非昔比了。华人目前在美国的人口中占比重很小，但多个城市我们总能看到 "China town"（中国城），随着中美两国交往频繁，到美国的华人呈增长趋势，作为一个移民国家，也许再过若干年，华人也会做上美国的总统。美国通过一系列优惠政策吸引知识或资本阶层人士向该国流动，进一步增强其新的持久竞争力，其优势地位还通过不同形式占有世界各地资源，从而进一步拉大发达国家与发展中国家的差距。

2. 对美国招商引资可行性认识

苏南等发达地区的开发区主要考核外资的引进，随着宿迁招商选资的不断推进，对港台、日韩、欧美等地区的招商引资逐渐被摆上重要招商议题。此次美国学习考察，参观了硅谷等高科技企业，在参观天时飞讯企业时，我试探性对这一软件服务外包企业进行招商，出乎意料的是，他们确有在亚太地区扩大投资的计划，并找来上海分公司负责同志与我对接，成为此次赴美一个重要跟踪招商线索。考察学习的同时，我时刻想着自己的招商使命，通过几次沟通，能讲一口流利英文且有一定中文功底的台湾教授季晴华先生答应做宿迁市的招商顾问，并在 2011 年适当机会来宿迁实地考察。同样对宿迁投资环境感兴趣的还有赴美 30 年的导游老徐，我分别给他们分发了部分《宿迁招商投资指南》。种种迹象表明，对美国招商工作从现在起可以尝试起来，我可以将其作为招商的重要地区进行攻关。

3. 对美国生态环境的认识

踏入美国大地时正值早上太阳初起时，加州美丽的阳光、彩色的大树、蓝色的大海，给我们留下了深刻的印象，我立即联想到我们"生态宿迁、绿色家园"的城市名片，宿迁尽管是经济欠发达地区，但却是生态环境优越地区，我们一定加倍珍惜这一难得的生态资源，避免发达国家和地区走过的"先污染、后治理"的老路。从西海岸到东海岸，包括其沙漠地区，我们无处不感受到人与自然和谐相处的生态意识，到芝加哥晒太阳的大雁甚至与我们合影留念。在美国商场里看到的鞋子、衣物及日常生活用品大都是中国制造或东南亚制造，原来凡劳动密集型产品或有一定污染的产品，美国本土一般都不再生产了，他们主要经营品牌及高科技竞争力更强的领域。生态问题是全球性战略问题，联合国大厦旁边破裂的地球仪标识，提醒我们必须珍爱地球，保护全人类共有的家园。

4. 从应对大雪看美国的机制建设

此次美国之行遇上了席卷北美洲的大雪，导致部分航班被迫延误，但我们看到了美国的高速公路上仍川流不息的汽车，其他公路甚至校园

招商梦

内都及时清扫出一条条道路供车辆及行人通行。经过了解知道美国有一整套应对大雪机制，每当大雪来临时，撒盐车、清扫车立即出动，不等大雪结冰已将其清除，难怪大雪纷飞中我们就看到大小不一的清雪车辆在工作。高速公路旁堆放的一堆一堆圆锥状的盐包，就是为应对大雪而备用的，所以美国的高速公路遇大雪天气一般没有封路之说。宿迁在应对大雪机制方面也摸索出一套应对机制，每当暴雪来袭时，"雪情就是命令"，我们总能看到领导带头上路铲雪的场景，各部门、各单位也是按属地管理原则纷纷行动起来，反映了我市干部群众别具一格的精神风貌。

三、对今后工作的借鉴意义

"身负重托赴美学习新型工业化增长见识，开拓创新越洋之旅市场经济体大开眼界。"在回国前的总结大会上我即兴说出以上对联，表达了我对此次出国培训难得机会的感慨之情。事实上，通过此次三周时间的考察学习，我本人深切感受到国际化潮流对我们的影响，增长了知识，拓展了眼界，对做好今后的工作有着重要的借鉴和启示意义。

1. 苹果风暴带给我们的启示

在美国期间，我们无处不感受到苹果潮的来袭，乔布斯作为当之无愧的企业领袖演绎他的苹果传奇。2010年5月26日，苹果以2221亿美元市值超越微软，荣登全球最大科技公司的宝座，而10年前微软的市值是苹果的35倍，正如乔布斯所说："这辈子没法做太多事情，所以每一件都要做到精彩绝伦。"苹果正是以自己对品味与美的独特理解，在时尚的风潮中执著前行。"整合即创新"，其实苹果ipod并不具备任何特别的技术创新，就是一个硬盘、一个音乐下载插件和一个优美的外观，经过艺术的整合便会风靡全球，这种整合式的创新很值得中国企业思考和借鉴。美国苹果公司生产的电脑、手机不断推出新产品，得到世界上许多消费者追捧，我们一行人中就有不少学员买了苹果公司的产品。苹果公司之所以赢得这种地位，得益于创新及因创新而演绎的企业文化。美国的个人英雄主义在乔布斯身上得以充分体现，其领导的苹果公司走的是精品路线。一个企业家成就了一家著名企业，企业家是社会的宝贵财富，这是赴美学习中的重要感受。我们谈到娃哈哈想到宗庆后，谈到汇源想到朱新礼，谈到蒙牛不能不想到牛根生，提到阿里巴巴立即想到马云，通过招商引资在宿迁一夜之间增加了多个中国驰名商标，其品牌价值带给我们的影响力是深远的，这更坚定了我们招大引强的决心，希望通过努力让康师傅、可口可乐、百事可乐等国际品牌也能与宿迁有缘。

2. 城乡统筹发展的启示

宿迁十二五规划中明确提出了"产业强市、城乡统筹、外向带动、创业富民、科教优先、生态立市"的六大战略。美国城乡一体化发展的模式给我们很大启发，在洛杉矶市中心和郊区我们几乎感受不到其太大的变化，城市拉得很开，避免了车辆拥堵等城市病，在农村等偏远集中居住区都有大型超市等配套设施，凡公共场所必然留足停车场位置。据说，到2020年中国将取代美国成为世界汽车拥有量第一，当然，我国与美国存在很大国情差异，毕竟我国人口众多，如果车辆任由现在速度发展，拥堵将成为我国今后的重大社会问题。发展公共交通是我国一个重要方向，事实上，我国的高铁已处在世界的领先位置，发展快速安全的公共交通是符合我国国情发展的重大战略决策，我们宿迁推行的公交一体化改革也深受民众拥护。

3. 加大第三产业及新兴产业发展不动摇

我国改革开放30年取得了举世瞩目的成就，中国在世界上的影响力越来越大，我们在美国也感受到作为中国人而受到的礼遇，这是我国综合国力得到大的发展的结果。通用电气总裁甚至做出大胆预测：中国取代美国成为世界最大经济体只是时间问题。根据美国的发展历程看，我国作为正在崛起的发展中国家，第三产业必将得到快速发展。我市2011年以来狠抓服务外包业取得了很大成绩，新兴产业代表未来发展方向，我们必须与时俱进，开拓创新，发大力气招引"新能源、新材料、节能环保、软件和服务外包"四大战略性新兴产业项目。食品产业是我市一大特色产业，具有纳税高、对农业带动性强及低碳环保等特点，我们将以国家级食品产业园为平台进一步做大、做强、做优食品产业，瞄准旗舰型大项目，坚持不懈招商引资，为打造国家级开发区做出不懈努力！

2010 年 11 月 29 日在美国加州长滩大学

4. 对新型工业化的再认识

所谓新型工业化，就是坚持以信息化带动工业化，以工业化促进信息化，就是科技含量高、经济效益好、资源消耗低、环境污染少、人力资源优势得到充分发挥的工业化。党的十六大报告中明确提出走新型工业化道路的战略部署，此次美国之行使我对新型工业化有了更直接的感受，也可理解为可持续的科学发展，这对指导我们开展招商选资工作有很强的指导意义，对那些环境不达标及落后产能项目坚决不引，对那些新能源、新材料项目重点跟踪洽谈，以实现我市工业经济又好又快发展。

（本文作于 2011 年 1 月 12 日）

招商梦

亦树亦花紫叶李

【背景介绍】 紫叶李的通体紫色甚有特点，叶紫、花紫、枝干亦紫，尤其每年早春热烈绽放的风采给人们传递春的信息。作为园林爱好者，笔者早有赞紫叶李之意，终于在2014年春季发表此文于《宿迁日报》。

　　早有赞紫叶李之意，2014年再次见到满树盛花的紫叶李时，便即刻被她的热情奔放所感染和陶醉了。

宿迁财政局门前紫叶李盛花期景观

紫叶李,蔷薇科李属落叶乔木,花小且密,粉中泛白,花叶并茂,煞是好看。盛开的紫叶李花,晨观灿若云霞,晚似繁星点点。其靓而不妖,丽而不媚,犹如热情奔放的少妇,在百花盛开的春天,以其独具特色的紫色展示独特的魅力。紫叶李花美叶靓,且四季皆可观赏,傲立雪中的彩色枝干成为冬天难得一见的植物景观。

充满激情,淡然大气,只要给其一片土壤,她就枝繁叶茂,花香馨人。紫叶李在宿迁大地广为种植,亦树亦花,魅力超群。如再选市花,我推荐紫叶李,如再选市树,我还推紫叶李。

(本文作于 2014 年 4 月)

招商梦

看足球谈招商

【背景介绍】2014 年巴西世界杯共有 32 支球队参赛，北京时间 2014 年 7 月 14 日决赛场上，德国队 1∶0 战胜阿根廷队夺得冠军。笔者在观看精彩足球比赛的过程中，感悟着"团队合作"等许多与招商相通的理念，连夜写就该文并发表于《宿迁日报》。

巴西世界杯激战正酣，引无数球迷点灯夜观。今天凌晨的阿根廷通过点球战胜荷兰挺进决赛，令喜爱梅西的球迷们欢欣不已。作为招商人，我发现足球运动与招商之间存在许多共通理念。

讲究团队合作。足球，永远是 11 个人的集体战斗，成功的进球需要临门一脚的功力，也少不了后场断球、中场的传带以及巧妙的助攻等整体配合。德国在半决赛中以 7∶1 狂胜东道主巴西队，这与德国队注重团队合作是分不开的。招商中同样需要团队协作精神，第一信息获得如同后场断球，有了相关部门的密切配合才能保证项目引资成功。

注重攻守平衡。足球是一项攻守平衡的运动，巴西世界杯进入八强的球队大多是防守较好的球队，阿根廷与荷兰在 120 分钟内踢成 0∶0，双方都加强了中后场的防守力量，但仅靠死守是没有前途的，往往最好的防守就是进攻，中场运动员要做到能攻能守。招商工作既要充满激情，勇于在前方"攻城拔寨"，又要在环评、投资强度、税收贡献率等方面把好关，特别是对环评不过关的污染型项目坚决做好"守门员"的职责。

强化时间观念。球王梅西之所以成为球王，是其出脚快，他在前场抢球后完成了 3 个动作，对方的防守队员还未能完成转身，争取 0.01 秒，往往就能创造射门的机会。招商也需要把握时机，"机遇在犹豫中消失，差距在等待中拉大"，有价值的招商信息，往往稍纵即逝，要求招商人员必须具备足球运动员敏锐的嗅觉和快速的反应能力。

保留危机意识。德国主帅勒夫赛前说，巴西队内马尔等核心队员缺阵，会使巴西队更加团结，其力量不容小视，这应了哀兵必胜的危机意识。而巴西队恰恰输在缺少对困难的准备，当第二粒球洞穿球门时，全体队员心理严重失衡，导致大比分惨败。招商过程中，我们也要有危机意识，对项目的母公司认真考察，弄清楚实力及投资的真实意向。否则，引来的项目可能圈而不建或长期停滞导致招商失败。

展现激情风采。有激情的人生才是有色彩的人生，一流的球队总有一种强烈的求胜欲望，而球队的激情与球迷互动中则会产生更大的进攻潜力。而"激情招商，亲情服务"也正是我们招商人必备的潜质，只有充分发挥大家聪明才智，才能在大项目招商中取得突破。

足球是圆的，一切皆有可能，阿根廷的"探戈足球"也不能阻止德国战车夺冠的脚步，德意志人依靠团队合作一定会最终捧得大力神杯！作为发展中的宿迁市，在新一轮招商热潮中一定能抢得先机，拔得头筹。"努力，不一定成功；放弃，一定失败！"如果我们招商中更多地应用足球赛场上竞技求赢的理念，一定会大有收获。

（本文作于 2014 年 7 月）

借鉴苏州经验，推进园区科学发展

【背景介绍】2011 年 9 月—2014 年 9 月，作者在江苏省委党校研究生班函授学习，毕业论文选题为"政府在工业园区建设中作用的思考"，本文是该毕业论文的节选，发表于 2014 年《宿迁论坛》第 5 期，文中认真挖潜苏州工业园区建设实践中的成功经验和做法。2014 年 10 月，该文获得江苏省哲学社会科学界第八届学术大会优秀论文二等奖。

宿迁苏州公园一角

工业园区对经济发展具有强大的推进作用，已经成为我国工业经济发展的亮点工程。近年来，工业园区发展遇到资金、土地、人力等资源瓶颈制约，如何破解园区中发展难题成为摆在我们面前的一项重要课题。宿迁经济技术开发区提出了"近学苏宿园，远学金鸡湖"的口号，把借鉴苏州经验作为园区破解难题和转型升级的重要手段，笔者结合苏州工业园区成功经验，对园区如何创新发展提出一些可行性建议。

一、工业园区比较普遍存在的困难与问题

1. 园区基础设施功能有待提高

目前，一些园区是边建设边招商，存在着水、电、路、热、汽等配套不完善的情况，往往企业在建设过程才发现配套不足，给企业生产计划带来影响，有的甚至直接影响项目开工建设。有的虽然在硬件配套功能上看似完备，但在企业生产运营后才发现配套功能不完善，比如公交车站不到位、生活娱乐设施缺乏统一规划，导致工人工作生活不便，从而给项目推进带来负面影响。江苏省宿迁经济技术开发区建设台商产业园过程中，注重建设白领公寓和蓝领公寓，给管理人员、技术工人等各个层面的人员生活需求提供功能完善的配套，值得园区建设中借鉴学习。

2. 产业雷同同质化竞争造成资源浪费

由于对工业园区定位不科学，国内一些园区频频出现照搬其他园区模式，有的甚至明显克隆其他园区模式，如此产业定位雷同，造成不必要的资源浪费。笔者在考察中了解到，一些工业园位置相近且产业定位雷同，在污水处理厂、自来水厂建设等配套功能上重复建设，造成极大的资源浪费。而江苏省宿迁市园区发展上采取聚集发展、差异定位的方法值得借鉴，在政府主导下，全市在新兴产业发展上，分为光电产业

招商梦

园、智能电网产业园等六大新兴产业聚集区，通过政策引导鼓励招商引资进行产业聚集，既聚集发展要素，又避免园区之间不良竞争，从而有效利用资源实现科学发展。

3. 土地资源极度紧张和项目对土地的需求矛盾严峻

由于我国实行最严格的耕地保护制度，坚守 18 亿亩耕地红线是土地政策的基本标准，因此在推进城镇化过程中，严格实施耕地保护制度。工业园区在有限的土地指标使用中，必须提高土地使用效益，严格节约用地。目前，工业园区一般或多或少遇到用地紧张的难题，如何通过解决土地瓶颈制约加快园区发展成为各类园区面临的重大挑战。一些园区政府创新工作方式方法，盘活存量土地实行"零地招商"，走出一条节约用地新路子。所谓"零地招商"是指鼓励企业通过技改增加投资，或盘活老企业而不占用土地指标建设新项目的创新举措。园区在转型升级过程中要注重增长方式的转变，增长方式由主要依靠要素驱动向主要依靠创新驱动转变。

4. 园区融资渠道单一，资金短缺的矛盾加大

大量的基础设施投入使得园区资金始终处于短缺状态，而融资渠道单一，加之宏观金融环境的控制，促使工业园区资金需求矛盾加大。而园区的中小企业因缺少融资渠道也普遍存在融资难的问题，如何破解园区资金难题是园区政府面临的又一重要课题。在笔者考察的工业园区中，他们主要采取如下措施：一是搭建平台促进银企对接，将银行与企业定期组织银企洽谈会，加强银企间的沟通交流，促进银行向中小企业放贷，对前景发展好的企业鼓励银行尝试信用放贷。二是搞好土地储备，通过土地滚动开发取得良性效益回报，切忌将土地大规模投放市场造成无序开发。三是加大招商引资力度，通过项目支撑为园区财力提供长期可靠保障，项目是园区的生命线，只有通过大项目带动大产业发展，才能给园区发展打下坚实基础。四是加强信用担保和诚信体系建

设，政府指导园区中介担保机构的建立，提高担保业务能力和质量，同时大力倡导诚信品牌建设，促进经济和谐健康发展。

二、苏州工业园区的成功创新经验

1. 以科学规划为龙头，推进园区有序发展

苏州工业园区的成功经验的一个重要方面就是用科学的规划指导发展。园区始终坚持把规划的科学编制和严格实施放在首位，着力以科学规划引导各项建设。为做好规划，合作双方在世界范围内优选相关专家组成专家组，结合苏州山水城的特点，融合国际城市规划的先进理念，集中社会各界的智慧，形成了百年不落后的城市发展规划。苏州工业园区规划是综合的城市规划，而不是单一的工业区规划。在科学制定规划的基础上，根据区域发展的总体目标，双方专家融合国际城市发展的先进经验，联合编制了科学超前的区域总体规划和详细规划，科学布局工业、商贸、居住等各项城市功能。首先用一年时间完成园区首期开发的 8 平方公里范围的详细规划，此后，园区又相继完成 300 多项专业规划，形成了"无规划、不开发"的良好开端。

2. 创新招商方式，强力开展外资大项目招商

苏州工业园区突出招商工作的龙头地位，积极拓展招商思路，构建招商网络，创新招商方式。充分发挥联合招商体制的优势，坚持大中小项目并举、内资外资并举、二三产业并举、存量升级与增量引进并举的方针。园区倡导"择商选资"理念，将资本密集、技术密集、基地型、旗舰型项目作为招商重点，瞄准世界 500 强及其关联项目，引进位居产业核心地位的龙头项目，带动相关配套项目进驻。近年来，根据全球经济发展趋势和产业转移新变化，内资外资项目招商并举，统筹兼顾先进制造业和现代服务业的发展，更加注重招商资源向科技项目、服务业项

招商梦

目、税收型项目转变，加快从招商引资向"择商选资"和招才引智转变。苏州工业园区创新招商方式，运用"以商招商"、网上招商、产业链招商等多种方式招商，在外资招商上取得了丰硕的招商成果。园区在国际产业分工格局中科学定位，坚持择商选资标准，逐步形成欧美企业聚集和高新技术企业集群发展的优势，完成了从优惠政策引资到产业集群引资的转变。

3. 突出生态环境保护，坚持节能减排的工作导向

苏州工业园区的另一条成功经验是走新型工业化道路。苏州工业园区实行了严格的环保监控，建立了五道环保防线：（1）对有污染源且不能有效治理，一律禁止进入；（2）对有污染源但可实现有效控制的项目，充分估计其污染源万一失控后的危害程度，严格控制其与居民区的距离；（3）对经过治理虽已达标的污水，强制集中排放至污水处理系统；（4）进区企业原则上不得使用自备锅炉，需要供热的单位由供热厂集中供给；（5）区内各种垃圾经分类后集中处理。

4. 以亲商理念打造服务型政府

服务型政府是建立在新公共管理基础上的一种政府管理模式，它以市场为导向，以服务为根本，区别于传统的政府管理。经济增长与政府工作质量存在密切关系，良好的经济机构对经济增长有着重要作用。借鉴新加坡的成功经验，苏州工业园区打造一套独特的亲商服务体系，苏州工业园区形成了一种新型的政府与企业之间关系，一改过去管理与被管理者的传统政企关系，政府兼有管理与服务两种职能，即政府为企业的服务职能，在这种理念支持下，政府不干预企业正常生产经营活动，不增加企业的额外负担，主动为企业提供高效快捷的服务。而企业可以专心于自己的经营事务并依法纳税，由此而形成良性和谐的政企关系。苏州工业园区亲商理念打造的服务型政府，进一步深化行政体制改革，大幅缩减审批程序，减少并降低收费项目，全面实行服务承诺制和限时

办结制，主动接受社会监督，从而有效降低企业的运营成本，营造良好的投资环境。园区管委会各部门积极推行以社会服务承诺制为中心的服务体系，编制符合国际惯例的《投资指南》，提出了园区优化"一站式"服务理念。一站式服务中心最大特点是获得了政府各相关职能部门的充分授权，服务中心通过窗口的形式，将企业要跑的多个职能部门才能办齐的手续，整合到一起办理，从而大大提高了办事效率。

三、推进工业园区科学发展的可行性建议

1. 强化园区规划权威，提升园区规划和建设水平

经验表明，规划效益是最大的效益，规划水平对发展水平起到极为重要的作用。规划要结合当地园区的实际情况，充分体现科学发展的要求，充分体现新兴产业及新型工业化等未来发展趋势，充分体现园区建设与城市建设的衔接与配套。规划要强化前瞻性，立足当前，放眼未来，以适度超前的发展思路制定规划。规划要注重开放性，学习发达地区规划理念，在规划方案论证上，要采用多种形式广泛征求意见，有时可利用媒体向社会征求意见，博采众长，集思广益，使规划制度既符合科学发展要求，又切实可行易于操作。规划要注重权威性，规划一经制定，要坚决予以服从，切忌根据项目随意更改规划的现象，树立"规划即法"观念，在大的方向和根本原则上坚决维护规划的权威性，在具体操作中又要根据实际变化情况预留适当的调整空间。

2. 注重差异竞争，培育地方特色产业

结合地方实际情况通过规划引导特色产业，每个园区都要有自己特色的定位，从而突出发展某几项特色产业。笔者认为，特色太多等于没有特色。培养地方特色产业，首先要认真调查研究，在掌握大量的资源市场、技术等相关信息后，对特色产业有一个科学定位，然后再规划中

招商梦

给予权威的定位并保证其落到实处。江苏省宿迁经济技术开发区制定了符合自己特点的"两电一品"产业，即家电、光电和食品产业，目前食品饮料产业园聚集娃哈哈、汇源、蒙牛、康师傅等一批龙头企业，被中国食品工业协会授予国家级食品产业园，特色产业集聚效应日益显现。

3. 注重生态环保，提高园区集约开发水平

在园区发展中，要促进资源向重点园区和优势产业聚集，推进产业聚集，注重节能减排和生态环保，切实有效保护资源，大力发展低耗高效的高新技术产业，严格限制高耗能、高污染企业进入园区，积极发展循环经济，推行清洁生产，提高资源和能源的利用率。严格盘活闲置土地，实现腾笼换鸟，同时加强土地管理，把有限的土地资源充分利用。天津泰达经济技术开发区走出一条独具特色的生态环保之路，从规划到建设始终将生态园区建设理念贯穿始终，是园区生态建设的一面旗帜，被称为"泰达模式"。我们要树立一个科学发展的循环经济和绿色经济理念，培育循环经济产业链，创新政府引导模式，形成循环经济发展长效机制。

4. 工业园区招商引资要注重通过优质帮办服务实现"以商引商"

没有梧桐树就引不来金凤凰。企业就像候鸟，哪里环境好就飞往哪里，如果一个园区投资环境优良，资金、技术、人才等生产要素就会流向这里。招商引资的竞争，主要是服务环境的竞争，项目合同签订后不代表招商成功，为投资商提供更加便捷周到的服务，促进企业早开工快投产，才能让企业真正安心创业发展，同时也可以通过客商介绍新的客商，这样"以商引商"才是低成本有效的招商方式。已落户企业的发展成果是最好的招商软广告，通过客商口口相传，宣传一个地方的投资环境才有说服力，否则，自我美化宣传就如"王婆卖瓜"之嫌了。笔者了解苏州工业园区、天津泰达经济开发区、宿迁经济技术开发区有许

多企业就是通过已落户企业介绍前来投资的，宿迁"帮办"已形成一种文化品牌，即园区将每一个企业明确一名工作人员作为其"帮办"服务，让在宿迁投资的客商轻松赚钱，受到客商广泛赞誉。

5. 加强业务培训，打造一支素质全面的优秀招商队伍

提高园区建设水平，人才是关键。面对日益复杂的国际化招商引资新形势，要积极引进国内外高层次管理人才，重点将政治素质高、业务能力强、具有国际视野和开拓创新精神的优秀干部选派到园区招商岗位。招商培训是打造一支优秀招商团队的重要举措，所有招商人员都要领会园区的战略思想，对招商中涉及的区位特点、优惠政策以及合同谈判必须熟练掌握，同时对接听电话、接待语言、洽谈技巧、仪表举止等操作实务也必须进行强化培训。有人形象地将招商人员基本素质概括为"铜头、铁嘴、橡皮肚子、飞毛腿"，意思是指招商人员不能怕碰壁，要有顽强的毅力，要善于同客商交流，要熟知工业园区情况和政策，招商人员要任劳任怨，有时甚至要承受一些误解与委屈，招商人员要走出去，请进来，走遍千山万水，吃尽千辛万苦，说尽千言万语。

6. 注重借助外力招引外资，提升园区国际化水平

吸引外资要有国际化视野，首先要有国际化的人才，将懂外语、会管理、懂经济的优秀外向型人才吸引到招商岗位。在移动互联网时代要善于运用新媒体进行投资环境推介，不仅宣传园区投资硬环境，也要宣传投资软环境。通过高起点、大规模利用外资，促进园区转型升级。为了促进江苏省区域经济协调发展，由江苏省政府牵头将苏州与宿迁结为南北产业转移帮扶对子，苏州宿迁工业园区应运而生，直接将苏州工业园区先进的经验嫁接到宿迁土地上，目前两市共建的园区国际化特征十分明显。苏州宿迁工业园区规划总面积13.6平方公里，规划人口9万人，充分发挥苏州宿迁两地优势，推进先进制造业产业转移，园区定位为产业转移的聚集区、外向带动的先导区、机制创新的试验区、现代新

城的示范区。目前，已成功引进中国台湾、马来西亚、日本等多家上市公司，其中日本尼吉康株式会社的电容器项目总投资 2 亿美元，台湾可成科技集团镁铝合金项目总投资达 6 亿美元，成为名副其实的苏北外向经济示范区。

7. 注重节能减排，保障工业园区可持续发展

如今，可持续发展已经成为公认的发展模式，生态工业园区建设也正在各地积极开展。在未来工业园区发展中，政府应对生态环境保护划出一道红线，对不符合环保要求的项目一律不得落户园区，这方面可以由环保部门进行一票否决，既要金山银山，也要青山绿水，绝不以牺牲环境代价换取经济增长。高质量的环境是宝贵的资源，不仅能促进经济发展，而其本身就能创造经济价值。良好的生态环境及丰富的自然资源，在社会技术相同的条件下，能提高劳动生产率。事实上，良好的环境无疑能降低其对社会的危害，节省治理保护成本，减少灾害损失。在当今"以人为本、亲近自然"的理念影响下，环境良好的地方，其价值必定高，对投资和人才的吸引力必定强，发展的潜力必定大。国内外无数经济发展的经验教训表明，哪里环境建设好了，哪里的经济发展就具有可持续性；哪里的环境遭到严重破坏，即使经济发展一时上去了，最后也会因环境的限制而停滞。天津泰达工业园区的生态循环经济发展之路，注重废弃物的回收循环再利用，取得了经济效益和社会效益双丰收。

总之，我们必须直面工业园区当前发展中存在的不足与问题，比如园区的基础设施配套不到位、产业雷同造成同质化恶性竞争以及土地资金人才短缺等矛盾和问题。我国新一届政府对工业园区未来改革提出四项转变：一是由追求速度向追求质量转变；二是由政府主导向市场主导转变；三是由同质化竞争向差异化发展转变；四是由"硬环境"见长向"软环境"取胜转变。笔者认为，我国的工业园区经过 30 多年发展，取得了世人瞩目的成绩，尽管目前还存在一些不足和问题，相信只要充分发挥工业园区自身创新活力，与时俱进，开拓奋进，通过深化改革实现转型升级，我国工业园区一定会迎来更为辉煌的明天。

（本文作于 2014 年 9 月）

苏州金鸡湖一角

招商梦

第四章　招商缘起（1993—1999）

- □ 欠发达地区外向型经济发展浅谈
- □ 乡镇财政面临的困境及出路

【写在前面的话】

本人自 1989 年踏入财政工作后不久，就对招商工作进行一些探索思考，因为如果离开经济谈财政，财政就成了无源之水，而招商引资正是促进经济发展重要手段。本章收录了 1993—1999 年专业从事招商前陆续发表的八篇文章，称之为"招商缘起"。其中 1993 年作的"欠发达地区外向型经济发展浅谈"，提出软环境与硬环境及"四菜一汤，引来外商"等观点，20 年后的今天读来仍有一定借鉴意义。这一时期，发表的有关财政方面文章一并编入，一方面财政与招商本身就有因果联系，探索招商缘起于此，1992 年作为《科技与经济》编辑部兼职记者即着手招商实践工作；另一方面，本人在财政岗位 10 年，一直关注开发区建设和招商引资工作，通过这一时期公开发表的文章展露作者"招商缘起"的心路历程。

其实，本人最早的招商念想可追溯到 1982 年。在《新华日报》上看到连云港的王继曙成功引种日本巨峰葡萄报道后，当年只有 16 岁的我利用暑假只身一人辗转来到东海县城头乡大河东村拜师学艺，虽未获得成功，却也从侧面展现激情招商之端倪。

欠发达地区外向型经济发展浅谈

【背景介绍】1990 年 9 月—1993 年 7 月，笔者参加江苏省委党校行政管理大专函授学习，毕业论文选题为"欠发达地区外向型经济发展浅谈"，刊登于《唯实》杂志 1993 年增刊，获淮阴市第三届哲学社会科学优秀成果三等奖。当时宿迁与淮安尚未分家，统称为淮阴市，作者从事的是财政工作，学的是行政管理专业，论文选题却是外向型经济方面的课题，可见对外向型经济及招商引资工作的痴迷，1999 年毅然报考到开发区招商岗位工作，就找到注脚了。此文作于二十多年前，其中"四菜一汤，引来外商"等佳句，今天读来仍有一定借鉴意义。

一、欠发达地区发展外向型经济的不利因素与有利条件

与苏南发达地区相比，欠发达地区在发展外向型经济过程中存在一些不利因素，主要表现在：

1. 人们的思想观念不能适应发展社会主义市场经济的需要。由于经济落后，人们的小农意识强，缺乏商品经济意识，市场观念淡薄，缺

乏敢闯敢干的进取精神，存在小富即安、求稳怕乱的封闭保守思想。一些企业主管部门的领导求稳怕乱、怕惹麻烦，担心引进外商投资有风险，宁愿企业守着旧摊不上规模，老产品不上水平。这些陈旧的思想观念，严重制约了欠发达地区的外向型经济的发展。

2. 资金缺乏，交通不便，通信设施差，投资环境欠佳。欠发达地区的投资环境也严重滞后，就拿淮阴来说，首先交通运输条件差，在沂淮铁路建设前，境内没有铁路、港口。交通运输主要靠公路，但公路也较差，同时缺乏空运条件。别说对原材料、产成品进出不利，就是对外商前来考察洽谈也极为不便。其次通信条件差，部分地方至今没有安上程控电话。最后，由于起步较晚，城市基础设施较差。城市基础设施在传统计划经济中一直被划为非生产部门而不被重视，随着外向型经济的进一步发展，人们越来越深刻认识到，完善的城市基础设施不仅是城市居民改善生活的物质前提，也是发展经济的重要条件，更是搞社会化大生产开展国际经济交流的必要条件。

3. 外经贸方面的人才匮乏，也是直接困扰着欠发达地区外向型经济的发展。有些部门的领导不知道股份制是怎么回事，甚至连"中外合资"、"中外合作"、"三来一补"为何物也不清楚。现代社会的竞争，归根到底就是人才竞争。纵观发达地区经济发展的经验，一般都是从重视人才、起用人才开始的。经济欠发达地区无论在培养还是招揽人才方面都存在严重不足。如果不解决人才问题，那么经济是很难搞上去的。

苏北欠发达地区比起苏南在经济实力和技术资金条件上，确实存在很大差距，但同时也存在许多自身优势。

首先是自然资源丰富。以宿迁为例，就贮有丰富的优质石英砂、黄沙等建材、化工原料。除了丰富的矿藏外，欠发达地区还有巨大的农业资源开发潜力，农林牧副渔各业兴旺，这既可发展创汇农业，也为加工业提供了丰富的农副产品原料。有关资料表明，江苏有近一半的工业产

招商梦

值是靠农副产品加工创造出来的。

　　其次是具有丰富的劳动力资源。这为发展纺织、服务等劳动密集型产业提供了极为有利的条件。

　　再次，有的地方旅游资源也有广阔的开发前景。像我们淮阴是伟大的无产阶级革命家周恩来的故乡，有总理纪念馆，还有吴承恩故居、韩侯祠、关天培祠、项王故里、乾隆行宫等名胜古迹。充分挖掘旅游资源，不仅可使旅游业本身兴旺，还可带动其他各业繁荣，进而促进该地的外向型经济发展。

　　另外，这些地区的土特产也较为有名，如宿迁的丁庄大菜（金针菜）、淮安的茶馓均闻名遐迩。充分开发这些地区的传统工艺品，以求打入国际市场，提高创汇能力，是一条可行的路子。

二、欠发达地区发展外向型经济的途径

　　怎样发展欠发达地区的外向型经济呢？笔者认为，针对欠发达地区这些有利条件和自身优势，应着重致力于以下六个方面进行探索，以求达到欠发达地区的外向型经济超常规、高速度的发展。

　　1. 应加强领导，提高认识，注重思想宣传，狠抓观念改变，特别是领导观念的更新。现在，我们面临的国际环境较为有利，一定要把握住这个千载难逢的机遇，破除疑虑，更新观念，大力发展外向型经济。现在淮阴提出的"学苏州，超盐城，加快步伐奔小康"的口号，正标志着淮阴领导层改革开放的魄力与决心。

　　2. 着力改善投资环境，增强对外商投资的吸引力。投资环境包括硬环境和软环境两个方面，硬环境指交通、能源、通信、宾馆、供水供电等基础设施。改善投资环境要注重认真地改善现有的投资环境，充分利用老市区、老企业，吸收外资进行嫁接式的改造。在兴办经济技术开

发区过程中，切不可照搬发达地区的模式，而要根据自身优势和条件，走出一条适合欠发达地区发展的路子。比如说，地处淮阴北部的宿迁市在兴办开发区过程中，在模式选择上，采取依托老城，开发新区。在开发方针上，坚持"富规划，穷开发"的原则。所谓"富规划"，就是着眼长远，面向现代化，力求设计新、功能全、配套齐、标准高。所谓"穷开发"，就是勤俭节约，艰苦创业，少花钱多办事、办好事。在开发步骤上，坚持蚕食推进，滚动发展的方法。在项目开发上，实行综合开发，大、中、小项目齐上，高、中、低技术并举，二、三产业配套等举措。力求开发一片，成功一片，收益一片。不搞"圈地运动"，根据项目上马，既符合上级文件精神，也节约了土地。这样，就为欠发达地区办开发区闯出了一条切实可行的路子。当然，硬环境建设需要大量的资金投入，尤其在欠发达地区还存在着资金不足的问题，这个问题不是一下子就能解决的。而要解决这个问题，就必须加强软硬环境一起抓，并做到以软补硬。

软环境一般指一个国家或地区的观念、法律、政策以及办事效率等。目前，仍有不少地方因求成心切，在投资环境建设中，往往重视硬环境建设，忽视软环境建设，以至于出现一些不协调现象。具体表现在：一方面不顾财力可能，大兴土木，搞城市建设，兴建楼堂馆所等基础设施。另一方面却设置重重机构，对外商投资层层把关，使外商望而生畏，结果花了不少精力，引来几个项目。而办成的三资企业，又由于没有合格的工人，缺乏人才和管理人员，使外商失去投资信心，而"打道回府"。由此产生了虽然筑好巢，却引不来鸟，即使引来了也不安心的情形。经济欠发达地区要想经济腾飞，必须同时抓好软、硬环境建设。

在软环境方面，笔者认为，要抓好以下几个方面：第一，简化不必要的审批环节，力求做到：一个窗口对外，一个部门管理，一支笔审批，一条龙服务。第二，专门为外商投资建立服务机构，将鼓励外商投

招商梦

资的法规落到实处。第三，要围绕外向型经济发展的需要，加强对各类涉外人员的培训工作，培训方式可采取多种形式并举，不但做到岗前培训，还要建立适当的激励机制，鼓励在岗人员自学成才，将职工培训与劳动用工、工资分配制度结合起来，进行配套改革。

3. 应大力选拔既懂经济，又有开拓精神的干部，要让懂市场、干事业、开拓型的干部成为干部队伍的主流。有人把干部比作建设社会主义事业的火车头，这是非常形象的。这个火车头，过去拉的是计划经济的列车，现在要拉市场经济的列车，要适应由计划经济到市场经济的转变，就得抓好"火车头换型工程"。例如，淮阴市委大力选拔懂经济、会管理的干部和跨世纪年轻干部进入各级领导班子。年初，市委决定在全市范围举办"荐贤举能"活动，在选拔干部时，他们打破身份、行业和地域以及论资排辈的陈旧观念，一批年轻有为、德才兼备的干部脱颖而出，为淮阴经济的振兴注入了新鲜的血液，有力地促进了外向型经济的发展。

4. 要依靠科技求进步，集中财力搞技改。目前，应紧紧抓住科技界急于将科技成果转化为生产力这个大好机遇，引导企业攀高亲，在全国范围内与权威性的科研单位建立多种形式的合作关系，生产出具有高科技含量、高竞争力、高效益的新产品，从而增强产品在国际市场上的竞争能力。例如，上年各项主要经济指标名列淮阴市之首的泗阳县，就是依靠科技实现了超常规、跳跃式发展的。该县洋河酒厂3000吨名优酒的技改工程完成后，实现税利1.7亿元，其中科技贡献份额达38%。因此，发展外向型经济，对欠发达地区来说，就必须大力进行技术改造，合理调整产业、产品结构，还要对有地方特色的名特优产品加强开发。为了发挥规模效益，还可走联合开发及股份制的路子，以求进一步增强自身实力，为发展外向型经济打下坚实的基础。

5. 欠发达地区要走创汇农业的路子。欠发达地区要充分利用农副产品丰富这一优势，在发展优质、高产、高效农业的基础上，积极走发展创汇农业的路子。大力发展以农副产品加工为主的轻工业，并不断地向农副产品的深度加工发展，以逐步带动其他产业的发展。像淮阴市的水产资源比较丰富，洪泽湖盛产龙虾、大青虾，骆马湖出产的银鱼、泥鳅均名噪海内外，在发展外向型经济中，可独占一角。

三、欠发达地区发展外向型经济过程中值得注意的问题

第一，要正确理解投资环境的内涵，它是一项复杂的系统工程。最近，某报载一篇名为"南京好是好，打假打不了"的报道，说的是一外商早就对南京投资行情看好，决定在这里投资建厂。但厂还未建，南京街头便出现标明该厂生产的假冒产品，于是外商决定中止这笔巨额投资。由此看来，改善投资环境绝非一日之功，要经过多方面长期努力。

第二，对"三资"企业上马的项目，要经过专家的全方位论证，一定要从实际出发，量力而行，择优审批。要切实帮助外商投资企业改善生产经营的外部条件，改善经营管理，以取得较好的经济效益。切实保证外债如期偿还，维护国家信誉。

第三，要靠自身实力和信誉引来外商投资，切不可慷国家之慨，随便赠予讨好外商。某报载："四菜一汤，引来外商"就是这个道理。

总而言之，在经济欠发达地区，如果积极依靠自身力量，认真学习并吸收发达地区先进经验，取长补短，扬长避短，充分发挥自身优势，积极进取，勇于开拓，大胆实践，摸索经验，找出规律，求是务实，外向型经济定会取得满意的成果。

（本文作于 1993 年 7 月）

招商梦

财政干部要增强"六个观念"

【背景介绍】1989 年 7 月—1999 年 10 月，笔者在乡镇财政工作 10 年，先后从事现金会计、单位预算、总预算会计、副所长、所长等多个基层财政工作岗位，本文是笔者工作实践中对乡镇财政的工作体会，提出增收节支等六个财政工作观念，发表于 1995 年 8 月 5 日《淮阴日报》。

一是增收节支的观念。只有全力抓好财政收入，同时控制不必要的支出，才能保证各项重点经费如期支付。

二是强化预算的观念。乡镇财政工作要以《预算法》为准则，把预算管理纳入法制化轨道，要根据人代会上通过的预算方案严格规范财政行为，杜绝随意增减收支现象的发生。

三是统筹兼顾的观念。统筹兼顾，保证重点，优化支出，按轻重缓急拨付资金，侧重于保证"吃饭"和"开门"，优先安排教师工资的发放，确保一个地方的稳定和发展。

四是专款专用的观念。对于那些有特定用途的专款，必须按其用途专款使用，对各种应上交款项不能拿来作人员工资"吃"掉。特别是像农业税、灾减款和支农专款等政策性极强的款项，更要按规定专款专用，一分钱也挪不得。

五是合理调度的观念。在收入旺季，财政资金就丰裕些；在收入淡季，资金调度就困难了。对拆借来的资金，一方面要合理调度，另一方面要制订还款计划，保证及时归还，维护乡镇财政的信誉。

六是自求平衡的观念。要努力建设一个合理的财源体系，压缩不必要的支出。还要根据时间进度，经常考核财政收支预算的执行情况，发现问题及早处理，力求实现年度的财政收支平衡。

（本文作于 1995 年 8 月）

招商梦

乡镇财政面临的困境及出路

【背景介绍】1993 年 9 月—1995 年 12 月，笔者参加中央党校经济管理专业本科函授学习，结合 10 年乡镇财政工作感悟，毕业论文选题为"乡镇财政面临的困境及出路"。其中，"发挥优势培植财源"是文中一大亮点，该文发表于人民日报《大地》月刊社编辑的《中国当代改革者》1996 年第四辑，获宿迁市首届哲学社会科学优秀成果三等奖。

分税制的财税体制实施后，我国的财力分配格局发生了显著的变化，加之转移支付制度尚未健全，一些乡镇财政一度陷入困境：赤字连年增加，资金调度困难，人员工资及各种专款不能及时支付。有关资料显示：1994 年全国赤字乡镇 14927 个，比 1993 年增加 232 个，占财政所总数的 32%。

一、乡镇财政步入困境的原因

第一，政策性增支因素不断出台，乡镇财政难承重负。1994 年工资改革增支较大，且大都由地方财政自行消化，这大大超过了乡镇财政的承受能力。为了及时发放新标准工资以及补发工资,个别乡镇财政所不得不动用有关专款,甚至不惜使用了银行贷款。这一行为加重了资金调度的困难,不少乡镇财政背上了赤字的包袱。

第二,税收征管力度不足,企业欠税严重。导致企业欠税的原因,一是部分企业依法纳税的观点淡薄,二是乡镇政府的地方保护主义,三是税收保障机制不完善,财税干部执法不力。此外,财政体制改革也相对减少了地方收入,增加了乡镇财政的困难。

第二,预算约束软化,财政收支带有随意性。我国的《预算法》明确规定:"各级政府、各部门、各单位的支出必须按照预算执行","未经批准不得调整预算"。但是,这在一些地方没有得到很好的执行,一些乡镇领导的预算法制观念淡薄,随意增减收支的现象时有发生,预算的执行带有较强的个人主观性,每年一度的预决算报告只是由财政所长在人代会上一读了之,基本上流于形式。由于在预算执行上缺乏有效的监督,"条子预算"普遍存在,财政支出处在有法不依的状态,所以,乡镇财政出现收不抵支的局面就在所难免。

第四,预算外资金和乡镇自筹资金的管理缺乏统一运筹,处于相对失控的状态。目前,在不少乡镇存在着财政资金十分紧缺和预算外自筹资金管理不力并存的局面。一方面,乡镇财政可用财力十分拮据,另一方面预算外自筹资金管理又存在不少漏洞。表现在财政上人员工资和正常经费拨不出去,处在"等米下锅"的状态,而个别乡镇部门却有大量的预算外资金"体外"循环,财政所又缺乏必要的调控能力,只能望钱兴叹。据统计,1994年全国乡镇统筹资金中仍有48.8亿元未纳入乡镇财政统一管理,占统筹资金总数的39.5%。随着经济的发展,各地收取的各种预算外资金呈急速增长的趋势,有的地方在数量上已与预算内资金相近,常规的只重视预算内资金收支的财政管理已远不能真实反映乡镇财政的综合财力。

第五，财政干部缺少必要的培训学习，整体素质有待提高。目前，我国正处在社会主义市场经济体制的转轨变型时期，税制的改革也是新中国成立以来较大的一次，出现了很多新知识、新问题，乡镇财政工作已远不是过去那种简单的收支管理，它兼有生财、聚财、用财等多种职能，涉及经济领域的各个方面。但在乡镇财税干部队伍中，有相当一部分人不能熟练掌握新的财税法规和政策，在实际工作中显得力不从心，缺乏开拓性、创造性的工作方法，这也是乡镇财政步入困境的一条重要原因。

二、解决乡镇财政困难的根本途径

第一，加强税收征管，确立依法治税的工作思路。在税收征管上，一是严格按《税收征管法》办事，除税法规定的减免税，不得自行制定税收优惠政策，更不能随意改变税收级次，转移收入。对税收优惠期满的企业，要立即恢复征税，彻底打消发展乡镇企业靠减免税的错误想法，同时要加强税收的检查与稽核，尽快建立纳税申报、税务代理、税务稽查"三位一体"的税收征管体系，使税收征管工作走上严密、科学的轨道。坚决克服地方保护主义，维护税法的严肃性，把该缴的税收及时足额入库，杜绝企业欠税行为。地处苏北的宿迁市保安乡，原本是一个财源基础薄弱、长期吃"差补"的财政困难乡，面对举步维艰的财政困境，他们克服消极的"等""靠""要"的思想，在清缴企业欠税的同时，还注重对各种零散税种的征收，1994 年征得契税 0.2 万元、原木税 2.6 万元，清理农民建房耕地占用税 20.7 万元，做到了"既抱西瓜，也捡芝麻"，有效地缓解了该乡的财政压力，保证了各项经费支出的需要，为新旧财税体制过渡做出了努力。

第二，严格控制财政支出，完善财政审批制度。财政增收是摆脱乡镇财政困境的基础，但不是唯一的途径。如果集中起来的财政收入增量流入社会集团消费的黑洞，被日益增加的低效或无效支出所消耗，反而会增加乡镇财政困难。所以，必须在节支方面采取坚决有效的措施，严格控制不必要的财政支出。

（1）打破传统的基数法，坚持零基预算管理。所谓零基预算法，就是对各单位的各支出项目所需经费，不以上年实际支出数大小为出发点，而是按照定员定额和基本数字台账，从零开始编制预算盘子。编制预算大致分为三个部分，即：正常经费、定项经费和专项经费，其中的重点是人头经费，因而只有把人员控制住，卡住编制，才能达到源头控制的目的。

（2）加强专项资金管理，做到专款专用。对财政专项资金的使用实行管理与监督，是为了专款专用，提高投资效益，杜绝截留、挪用、损失、浪费等不良现象的发生，实现科学化、制度化、规范化管理的目的，确保乡镇财政健康有序地运转。如果不分款项来源盲目地乱支乱用，最后必然会导致乡镇财政混乱的局面。

（3）保证重点，压缩弹性支出。在乡镇财政支出安排上，应优先考虑人员工资，建立"工资基金专户"。有些公费支出没有法定的标准或定额，也没有确定的数量和范围界限，可以通过提高决策水平，规范操作行为而有效压缩。例如对住宅电话的管理，可以实行"确定范围，私人管理，经费包干，超支不补，结余留用"的办法。

（4）引导有条件的事业单位由全额向差额，由差额向自收自支过渡。对事业单位兴办的经济实体，严格执行以收定支，切实减轻乡镇财政负担。

第三，硬化预算约束，营建乡镇财政自求平衡的机制。近年来，乡镇财政出现了赤字额不断扩大的现象，除了受经济发展水平制约外，主要是受到"不搞赤字吃亏"的思想误导，以至出现人为扩大账面赤字，以争取上级补助或在调整时多得照顾的不正常现象。怎样才能实现财政平衡，消灭赤字呢？首先要思想重视，明确提出"赤字有害"的观点，

招商梦

将财政平衡工作纳入政府政绩进行考核，作为目标管理、评奖、考核提干的重要内容。其次，按照综合预算管理的要求，搞好乡镇财政综合预算。就是将预算内、预算外、乡镇自筹资金捆在一起预算，以增强乡镇财力的集中度和可控度。在预算的安排上，坚持量入为出的方针，有多少钱办多少事，少花钱多办事，发扬勤俭节约、艰苦奋斗的精神，精打细算地办好乡镇事业。在预算编制环节，应坚持总量平衡的原则，把支出的盘子控制在可用财力范围内；在预算调整环节，追加支出预算，应进行审慎的项目论证，要有可靠的财力来源，杜绝"赤字追加"；在预算执行环节，要严格按照时间进度拨款，防止前松后紧，寅吃卯粮；在决算编制环节，要严格审查经费的使用责任和效果。

第四，适当集中财权，突出乡镇财政的综合调控地位。在国家政策允许的范围内，应对乡镇财政收入结构和范围作必要的调整，广开理财渠道，多方聚财，研究和开辟新的财源。加强乡镇财政综合财力的调控能力，还权于财政，将预算外资金和乡镇自筹资金统一纳入预算内由乡镇财政集中管理。坚持取之合理、用之得当、讲求实效的原则，管好用活这部分资金。增强乡镇财政的综合平衡能力，逐步增加乡镇财政可用财力。乡镇财政所在对预算外资金的管理上，一定要注意加强对各种收费票据的管理，进行源头控制。这样，财政所将三项资金统一运筹管理，制定出来的预算，才能真实地反映出乡镇财政可用财力的收支，并具有务实性、可操作性的特点。

第五，加强人员培训，努力提高乡镇财政干部的政治素质和业务素质。要使乡镇财政走出困境，必须培养一支廉洁奉公、求是务实、精通业务、能打硬仗的财政干部队伍。笔者认为，新时期的财政干部应树立六个观念：一是增收节支的观念。只有全力抓好财政收入，同时控制不必要的支出，才能保证各项重点经费如期支付。二是强化预算的观念。乡镇财政工作要以《预算法》为准则，把预算管理纳入法制化轨道，要根据人代会上通过的预算方案严格规范财政行为，杜绝随意增减收支现象的发生。三是统筹兼顾的观念。统筹兼顾，保证重点，优化支出，按轻重缓急拨付资金，侧重于"吃饭"和"开门"，优先安排人员工资（特别是教师工资）的发放，确保一个地方的稳定和发展。宿迁市保安乡在1995年6月初，他们利用税款入库的旺季，在乡政府办公经费匮乏的情况下，一次性拨给中小学45.5万元作为教师工资专款，有效地保证了该乡的教育事业发展。四是专款专用的观念。对那些有特定用途的专款，必须按其用途专款使用，对各种应上解款项不能截留拿来被人员工资"吃"掉。特别是像农业税社减款和支农专款等政策性极强的款项，更要按规定专款专用。五是合理调度的观念。六是自求平衡的观念。要根据时间的进度，经常考核财政预算的执行情况，发现问题及早处理，力求实现年度的财政收支平衡。

第六，发挥优势培植财源，加快乡镇财源体系建设。要认真进行调查研究，吃透本地情况，在抓好原有财源巩固、提高的同时，有计划、有步骤地抓好后续财源建设，培植经济和财政新的增长点，促进财政收入的稳定发展。目前，淮阴市各个乡镇正在大力发展"两专一基"，即专业户、专业村和基地乡建设，这不仅是农民致富奔小康的途径，也是乡镇财政增收和涵养税源的重要渠道。该市的保安乡是个典型的农业乡，财源结构单一，基础薄弱，他们充分利用这里的农民有养殖经验和人少地多的特点，大力调整种植结构，形成了万亩桑蚕和万亩饲料带的规模，从而大大地促进了这里的养猪事业发展。在1994年，该乡的农业特产税就净增60多万元，当地群众形象地将"两专一基"事业比作老百姓的"摇钱树"，乡财政的"聚宝盆"。另外，对乡镇骨干企业进行有效的投入，促进技改和扩大再生产，也是培植乡镇财源的重要途径。

（本文作于1996年3月）

"费改税"是预算外资金管理的治本之策

【背景介绍】财政预算外资金长期游离在财政监管之外，为有效管理预算外资金，各地进行"专户存储"和"收支两条线"管理等有益探索，作者提出"费改税"方案的设想，意在达到从源头彻底规范管控预算外资金的目的。

目前，各级财政部门都对预算外资金加大管理力度，并对管理形式进行了有益的探索和尝试。通过管理，各地均取得了一定成绩，但从实践看，仅靠"专户存储"和"收支两条线"管理还是不能彻底解决问题。而实行"费改税"，通过国家税收形式将收费行为规范下来，可以达到标本兼治的目的。

一、实行"费改税"的必要性

第一，"费改税"是减轻农民负担，密切干群关系的需要。目前，税收以外的基金、收费名目繁多，农民除上缴农业税外，还要缴"四粮""七钱""三提""五统"等达十余项。实行"费改税"，可以使农民负担的税目及数量简单明了，使农民缴明白税、放心钱，制止一些地方随意向老百姓收费且层层加码的行为。政府良好的形象和威信也会随之树立，自然会进一步密切干群关系。

第二，"费改税"是增强财政职能，促进综合财政的需要。实行"费改税"，预算外资金纳入预算内管理而成为真正的财政资金，这样的收支规模才真正反映出一级财政的收支状况，从而促进综合财政的形成，也只有实现了综合财政平衡才能达到真正的平衡。

第三，"费改税"是强化监督机制，遏制腐败行为的需要。由于预算外资金缺乏有效的监督机制，一些单位视其为"自留地"，随意扩大收费，滥发补助、公款私存等现象屡有发生。"费改税"后，资金被纳入财政收支管理，使私设小金库和乱支乱补失去了生存条件，从而有效遏制腐败现象的发生。

二、实行"费改税"的可行性

第一，有良好的舆论氛围，长期较为固定的费用上缴，使缴款单位和个人有足够的承受心理，同时"费改税"还一定程度上减轻农民负担，所以，"费改税"有着广泛的群众基础。另外，现在对预算外资金实行的"专户存储"和"收支两条线"管理制度，为向"费改税"过渡提供了良好的条件。

第二，有一支素质过硬的财税干部队伍。改革开放以来，广大财税干部勇于拼搏，大胆探索，开创性开展新时期财政工作，已经积累了丰富的社会主义市场经济条件下财政工作经验，为实行"费改税"提供了有力的组织保证。

实行"费改税"是一项复杂的系统性工作，一定要在试点基础

招商梦

上稳步推进，同时应深入调查研究，制定出具体可行的实施细则。只要认真操作，大胆实施，"费改税"一定能取得政府、群众双满意的效果。

（本文作于 1998 年 7 月）

第四章　招商缘起（1993—1999）

应讲求综合财政平衡

【背景介绍】 本文发表于 1998 年 9 月 3 日《宿豫报》，是笔者在洋北财政所工作期间写出的乡镇财政管理的点滴体会。针对一些乡镇通过扩大预算外赤字来弥补预算内平衡的形式主义，笔者提出了综合财政平衡的创新理念。

近年来，不少乡镇通过扩大预算外赤字来弥补预算内平衡。这种虚假平衡比明显的赤字危害更大。就如何实现综合财政平衡，笔者提出一管之见，仅供商榷。

首先，提高认识是实现综合财政平衡的前提条件。所谓综合财政平衡，是指总体可用财力略大于总支出，预算内、外均无赤字。说到底，通过业务处理出来的平衡是一种会计信息失真的表现，它会给领导决策等方面带来一定的负面影响，只有实现综合财政平衡才是真正的平衡。为了强化各级领导综合财政平衡意识，应当对以往单纯考核预算内平衡的方法加以改进，变单纯考核预算内平衡为考核预算内、外综合平衡。

其次，坚持依法理财是实现综合财政平衡的根本保证。年初就要科学、合理的编制一个综合财政预算，将预算内、外两块资金统筹考虑，

招商梦

全面分析本乡镇的可用财力，打足全年收支盘子，对存在问题及早提出可行措施，并实行事前、事中、事后全过程的管理控制。另外，强化预算外资金管理也是推进综合财政平衡不可缺少的因素。

最后，努力增收节支是实现综合财政平衡的关键。增收节支是财政工作的永恒主题，只有千方百计组织收入，做大"蛋糕"，同时控制不必要的支出，才能保证收支平衡，略有结余。重点是抓好预算外资金的收支管理，防止其支出的随意性，将两块资金的管理全部纳入规范化、制度化的轨道。

（本文作于 1998 年 9 月）

"见缝插绿"好

【背景介绍】建市之初，为了改善马陵河周边长期脏、乱、差的局面，宿迁市委市政府启动城区马陵河整治工程，主要是疏通、护坡、补水、植绿，作者有感而发写下"见缝插绿好！"，发表于1999年5月7日《宿迁日报》。

市委、市政府决定花两年时间彻底整治马陵河，笔者不禁为之叫好！在寸土必争的城区"见缝插绿"而非"见缝盖房"，足见市委、市政府对城市绿化的重视，无疑这是一件功在当今，惠及子孙的英明之举。

当今世界城市的发展趋势是发展经济和城市绿化同步进行。城市绿化是文明程度的标识之一，它不但能提高市民的生活质量，还可以促进招商引资，从而带动地方经济的发展和两个文明建设。

目前，宿迁城区仅有河滨公园等几块小规模绿地，大运河和古黄河上也看不到绿色的镶边。应该说，宿迁与园林式花园化城市标准相差甚远，所以，"见缝插绿"意识对我市来说更显得紧迫和重要。

为了美化我们的家园，愿大家共同行动起来，自觉投入到绿化宿迁的行动中去！

（本文作于 1999 年 5 月）

宿迁流行租"绿"业

【背景介绍】宿迁建市之初，园林市场悄然流行"租"绿业，只要交少量租金就可以将价值不菲的高端花木搬到家，既节约了成本，又解决了花木养护问题。作者对这一现象予以报道，体现了对园林事业的关注和热爱。本文发表于 1999 年 7 月 18 日的《宿迁日报》。

随着地级宿迁市的建立，许多单位想在办公和会客环境中增添"绿色"，但由于养花不懂行，买花怕养不活。于是，租花行业便在宿迁顺势而生，目前我市已有 4 家花卉经营企业推出租花业务，机关、宾馆花钱租"绿色"的消费悄然成为时尚。每月只需交上几百元，就可以将价值数千元的花卉搬到办公室。花卉企业还可以根据需要送花上门，并提供浇水、修剪、杀虫、搭配摆放、按季节换花等一系列服务。

据了解，一家名叫黄荻岭的花木公司一个月可以收到上万元的租金。这家位于花鸟市场的花木有限公司是一家专业从事花木租摆的企业，目前已有市国土局、市计委、市财政局、海鲜酒楼等近 30 家单位到此租"绿"，月租金在 300～800 元不等。一般来说，在办公室、会议室大多摆放巴西木、发财树等耐荫观叶植物，花架案几上放的是君子兰或文竹，酒瓶椰子和苏铁等大型景观花木被安置在门厅两旁。

已租花三年的师范学校校长朱坤介绍说，每月花上几百元去租花，天天都由专业护花使者上门浇水养护，学校开大会还可提供各种花卉布置会议，比起雇用花工既省心又划算。黄荻岭花木公司负责人满怀信心地告诉笔者，随着城市居民生活水平和文化品位的不断提高，租"绿"业将被逐步引入家庭。

（本文作于 1999 年 7 月）

财政干部应拓宽理财思路

【背景介绍】 针对有些乡镇财政干部重支不重收以及关门算账的"账房先生"做法，笔者提出"跳出财政抓时政"的开门理财观点，以及创造性开展增收节支的新时期财政工作思路。该文发表于《唯实》杂志 1997 年第 10 期。

随着乡镇财税体制改革不断深入，乡镇财政已不再是简单的收支型财政，它兼有生财、聚财、用财以及监督等多种职能，涉及经济领域的各个方面。这就要求乡镇财政干部必须转变理财观念，熟练掌握各项财政法规和有关专业知识，创造性地开展工作，以适应新时期乡镇财政工作的需要。

一、要摒弃"账房先生"关门算账的做法，拓展理财视野，认真研究乡镇财政运行规律，从而在宏观上把握振兴本地财政之路。增收节支是财政工作基本思路，一定要抓紧抓牢，但如果老是在已形成的一些模式上绕圈子，则很难摆脱目前乡镇财政面临的困境。现在，市场经济已经对广大财政干部提出了更高的要求，一名合格的财政干部，不但要熟知会计学，而且要通晓政治经济学和经济管理等多种学科。乡镇财政干部必须不断加强学习，及时充电，要走出账房，深入实际，重视财政调研，大胆探索，勇于实践，才能适应现阶段乡镇财政工作需要。

二、要摆脱重预算内轻预算外的传统看法，树立大财政观念，将乡镇预算外资金全部纳入乡镇财政管理范围。在预算外资金管理上必须统一认识，解决好三权归属问题，即所有权属国家，调控权属政府，管理权属财政，按照"政府管权，部门管事，财政管钱"的原则，促进乡镇综合财政发展，从而增强乡镇财政的调控能力。

三、要克服"重支不重收"以及"等、靠、要"的消极错误思想，做到开源与节流并重，大力支持经济发展，努力培植有地方特色的财源体系。经济决定财政，财政反作用于经济，只有发展了经济才能从根本上振兴财政，离开经济谈财政，财政就会成为无源之水。培植财源要注意多元化和层次化，要做到骨干财源和一般财源兼顾，现实财源与潜在财源相结合。另外，在财源培植上还要结合实际，形成特色。例如新组建的宿豫县顺河镇，根据地处城郊区位优势，将发展花卉和反季节蔬菜以及第三产业作为该镇财政收入新的增长点来扶持，目前，已初见成效。

（本文作于 1999 年 10 月）

第五章 记者视线

□ 朋友，你来过宿迁吗？

□ 照片背后的故事

【写在前面的话】

本章收录媒体记者笔下的招商工作，通过对招商引资背后故事的挖潜，给招商以不一样的启示。"朋友，你来过宿迁吗？"参照碧野的《天山游记》开头与结尾的口吻，将宿迁的市情进行趣味性推介，真诚邀请四海宾朋到宿迁实地游览。

照片背后的故事，分别收录了本人招商过程中与娃哈哈董事长宗庆后、汇源集团董事长朱新礼、蒙牛集团总裁孙伊萍、伊利集团总裁潘刚和洋河集团董事长张雨柏的合影。知名企业家是我国经济发展的宝贵资源，是社会财富的主要创造者，值得全社会的理解支持与尊重。

长期的招商推介，笔者见证了 1996 年建市后新宿迁的发展变化，饱含对家乡的无比热爱和深深情结。这里有一望无际的洪泽湖与骆马湖，有项王故里与乾隆行宫，有洋河美酒与娃哈哈饮料，有大片的果园与杨树林，还有勤劳质朴与热情好客的宿迁人民……总之，值得大家到此一游。

朋友，你来过宿迁吗？

朋友，你到过宿迁吗？宿迁是 1996 年 7 月经国务院批准设立的地级市，辖沭阳县、泗阳县、泗洪县、宿豫区、宿城区、宿迁经济技术开发区、湖滨新城、洋河新区和苏州宿迁工业园区，总人口 570 万，面积 8555 平方公里。如果你愿意，我陪你到宿迁去转一转。

宿迁项王故里景区

一、历史悠久，人文荟萃

据考证，宿迁是世界生物进化中心之一。在淮河岸边，5 万年前便有先人逐水而居，被称为"下草湾人文化遗址"。相传夏、商、周三代，古徐夷族在此生息。西汉时期，江苏境内主要有三个封国，即徐州地区的楚国、扬州地区的广陵国和宿迁地区的泗水国。公元前 113 年，古泗水王国在此建都，传五代六王，历时 132 年。秦代置下相县，东晋设宿豫县，唐代宗宝应元年，为避代宗李豫讳，改称宿迁至今。在绵延的历史长河中，宿迁培育了无数光照史册的英雄人物。西楚霸王项羽和夫人虞姬演绎了气吞山河、流传千古的"霸王别姬"故事。清末民族英雄杨泗洪、现代摄影大师吴印咸和京剧表演艺术家宋长荣、著名企业家宗庆后和刘强东，都是宿迁人民的好儿女。

二、区位独特，交通便利

自古以来，这里便有"北望齐鲁、南接江淮，居两水（即黄河水、长江水）中道之称。境内高等级公路达到 220 公里，京沪、宁宿徐高速公路纵贯南北，徐宿淮盐高速公路横穿东西。205 国道、京杭大运河、新长铁路穿越境内，市区西距徐州观音国际机场 60 公里，北离连云港白塔埠机场 100 公里。宿（宿州）宿（宿迁）淮（淮安）铁路贯穿东西，规划中的京沪城际高铁复线穿城而过。

三、资源丰富，物产丰饶

宿迁境内平原辽阔、土地肥沃，是著名的"杨树之乡""名酒之

招商梦

乡""花卉之乡"。宿迁是全国唯一拥有洋河大曲、双沟大曲两个酒类"中国驰名商标"的地级市，洋河美酒早在1915年就获得巴拿马国际博览会金奖。宿迁盛产粮食、棉花、油料、蚕茧等，是优质农副产品产区。宿迁又是全国著名的平原绿化先进地区，活立木蓄积量1000万立方米。宿迁还是江北的水乡，水域面积350余万亩，全国四大淡水湖之一的洪泽湖湖水清澈、"日出斗金"；烟波浩渺的骆马湖水质达到常年二级水质标准；京杭大运河、古黄河穿城而过，河湖内盛产银鱼、青虾、螃蟹等50多种淡水产品。

宿迁行政区位图

四、风光秀美，生态优越

清代乾隆皇帝六下江南五次驻跸宿迁，赞叹宿迁为"第一江山春好处"。乾隆行宫重檐斗拱，金碧辉煌，是京杭大运河沿线保存最为完好的皇家建筑群。西楚霸王项羽出生地项王故里，建筑古朴，宏伟庄重。项王手植槐历经两千年风霜雨雪，至今仍然枝繁叶茂，是江苏省最古老的一棵树。洪泽湖、骆马湖以及古黄河风光带、大运河风光带风景宜人。建市以来，宿迁加快建设集湖光山色、运河景观、黄河新姿、人文景色于一体，森林式、环保型、园林化、可持续发展的湖滨特色生态城市，是中国优秀旅游城市、国家园林城市、国家卫生城市。

五、园区配套，环境优越

2005 年，宿迁被评为"中国（浙商）最佳投资城市"，2006 年荣获"中国城市管理进步奖"和"中国城市旅游竞争力百强城市"称号。

宿迁市民广场一角

招商梦

国家级宿迁经济技术开发区，行政管辖面积 108 平方公里，辖三棵树、南蔡、黄河与古楚等两乡两社区，水、电、路、汽、热等基础设施配套到位，办事程序快捷高效，已聚集娃哈哈、汇源、蒙牛、康师傅等众多知名企业，围绕食品饮料、智能家电和光电"2+1"特色产业正加快发展，热忱欢迎四海宾朋来宿迁创业，大展宏图！

朋友，宿迁的迷人景象何止这些，不论是湖光山色，还是园区市貌，处处有靓丽的美景，处处有喜人的变化，宿迁有三宝：改革、青春、生态好！如果哪天你有豪情到宿迁观光考察，临行前别忘了通知我一声，也许我能给你当一个不一样的向导，去触摸古老的历史，去展望美好的未来！

第五章　记者视线

孟献国：圆梦"娃哈哈"

【背景介绍】该文刊发在 2006 年 10 月 26 日《宿迁日报》首版。2012 年 12 月，宿迁市招商引资考核中心编印《招商引资背后故事》一书，本篇文章以"娃哈哈招商之梦"为题编入全书首篇。

【获奖感言】

"当我站在领奖台上，手中接过奖杯的那一刻，激动的心情是无法用语言来表达的。这荣誉不仅仅属于我个人，它更属于那些奋斗在招商一线的全体招商人员。它不仅仅是全市 526 万人民对我的信任和厚爱，更是对我的鞭策和鼓励。虽然奖杯不是很重，但当我把奖杯高高地举起时，我感到它很沉、很沉……"

从 2000 年的首次招商，到 2005 年娃哈哈正式落户宿迁，五年多时间里，娃哈哈项目的招商引资人孟献国，终于实现了他的娃哈哈招商梦。回想起这五年来的招商历程，孟献国依然是历历在目……

放弃优越的财政系统工作，毅然投身招商引资的大潮，孟献国在33 岁那年做出了人生重要选择。从此，开始了他长达五年的娃哈哈招商之梦

1999 年 10 月，孟献国通过公开招考走上了市经济开发区的招商岗位，实现了他由来已久的招商情结。

2000 年下半年，孟献国通过网络在中国工业 500 强中优选了海尔、娃哈哈、双汇、汇源等 20 家重点企业进行信函招商。

2001 年年初，娃哈哈投资部郑振国先生"今年没有投资计划"的答复引起了孟献国的关注。"今年没有计划，说明明年可能有计划"，善于捕捉信息的孟献国从中发现了机会。

从那以后，孟献国一直与娃哈哈投资部保持紧密联系。5 月 19 日，孟献国揣着市政府的邀请函只身来到杭州娃哈哈敲门招商，整整等了一个多星期后，总裁助理施惠明先生总算答应见个面。抓住这个难得的机会，孟献国把宿迁的基本市情，投资环境、政策等优势在半个小时内如数家珍般倒了出来。从此，娃哈哈苏北投资意向中又增加了宿迁的名字。

2002 年，随着娃哈哈总部搬迁，孟献国的招商工作也从杭州的秋涛北路转移到了下沙基地。"他们上班，我也上班；他们下班，我也跟着下班。来了客人，我帮忙搬凳子倒水，他们商业会谈我就转身回避。稍有空闲，我就介绍宿迁的投资环境。"孟献国回忆说。

2002 年 7 月，娃哈哈总裁宗庆后等集团高层领导踏上了宿迁大地，市委、市政府主要领导亲自接待，孟献国也全程参与了接待工作。

然而，10 天后《扬子晚报》一篇娃哈哈项目落户徐州的新闻犹如一盆冷水把孟献国从头到脚浇了个透！他在床上躺了一天一夜，一遍又一遍地问自己"为什么？怎么办？"

研究娃哈哈企业文化，探讨宗庆后成功的奥秘，愈挫愈勇的孟献国继续他的娃哈哈招商梦。"祝愿娃哈哈早日落户宿迁"的呼声时时在孟献国的心中响起

初次招商失利使得孟献国身心疲惫。"也许娃哈哈与宿迁还会有缘哪！"顾小洪一句调侃的话，让孟献国又看到了一线希望。经过短暂的调整，孟献国一如既往地继续他的娃哈哈招商梦，他坚信：宿迁将是娃哈哈在苏北扩张发展的首选之地。

为了在洽谈中有更多的共同语言，孟献国开始研究娃哈哈企业文化，研究宗庆后，深入了解娃哈哈的企业精神。在有几次与宗庆后同桌就餐时，孟献国偶尔插上一两句得体的话，赢得了宗庆后的好感。

"招娃哈哈不仅是引资，也是引智，其知名品牌和先进的理念对宿迁的影响是深远的。"执著的孟献国如是说。"祝愿娃哈哈早日到宿迁去"的呼声时时在孟献国的心中响起。

"非典"期间，孟献国从自己家里拿出 1800 元给娃哈哈徐州分公司工人送口罩、肥皂和洗手液。分公司总经理罗继伟拉着孟献国的手说："徐州市政府没想到，你们却想到了，太谢谢了！"

2003 年 9 月，娃哈哈产品因广告宣传中冠有"绿色食品"在外地被某部门责令罚款。接到求援电话后，孟献国立即找来工商注册的相关法规连夜学习，并和开发区纪工委书记李前聪赶往现场进行协调。经过多方协调，对娃哈哈的罚款和网上通报最终被取消。

此举震动了娃哈哈高层，因为类似事件花费了他们 3 个人半个月的时间，而孟献国从接到电话到处理结束仅用了 5 天时间。顾小洪感慨地说："江苏如有投资计划，当首选宿迁……"

招商梦

"放弃比失败更丢人！"在招商最艰难的时期，孟献国在妻子的鼓励下选择了坚持：整合招商资源，发扬团队合作，娃哈哈招商工作大获全胜

2004 年，娃哈哈项目招商到了第五个年头，多年无功而返的招商给孟献国带来了巨大的思想压力。面对他人的冷嘲热讽，孟献国犹豫过，彷徨过，这时，妻子那句"放弃比失败更丢人！"的话深深地震动了孟献国，激励着他继续坚持下去。

经过慎重考虑和冷静分析，2005 年年初，孟献国主动向管委会领导立下军令状：如果今年娃哈哈还不能招商成功，我愿接受组织处分！不给自己留后路的孟献国准备背水一战。

孟献国经过多方打听，得知宗庆后出生于宿迁的东大街，父亲启宗禄、母亲王树珍在抗战期间曾在宿迁生活了数年，至今年逾八旬仍身体硬朗。这一思乡情结成为孟献国进一步招商的情感纽带。

2005 年 2 月，孟献国带着东大街新中国成立初期和现在的照片，提着金针菜和黄墩湖辣豆，又一次踏上了南下的招商路，专门看望宗庆后的父母亲，他恳请老人说："宗老，请您的儿子回家乡投资吧！"不知道两位老人是否明白，只见宗老紧握住照片，眼噙泪花，喃喃地说："宿迁是个好地方！"

为了尽快促成娃哈哈项目落户宿迁，孟献国开始注重更多的资源整合。据了解，《中国食品质量报》副总编李树标与宗庆后私交甚好。当得知李树标 2004 年回泗洪老家过春节时，孟献国顾不得大年三十路上的积雪，驱车前往泗洪拜见。被孟献国的诚意所感动的李树标答应帮忙做工作。从此，宗庆后的手机经常接到来自北京的声音：建议他到宿迁投资建厂。

我市优越的投资环境被认可后，又一个难题阻碍了洽谈的脚步：娃哈哈从不在 500 公里半径内重复建厂，而徐州距宿迁仅 120 公里。

"宿迁距徐州仅 1 小时车程，完全可以参照杭州模式作为两个车间管理，这样一套人马管理两个分厂不是更好吗？"孟献国的一个反向思维，促成了项目新的转机。

2005 年，孟献国陪同市领导三次赴杭州与娃哈哈高层洽谈、磋商。经过多方努力，8 月 17 日，宗庆后再次踏上了宿迁这片热土，距离上次项目失败整整三年。此次，宗庆后直接到开发区为娃哈哈新公司选定地址，2 个亿的巨额投资被当场拍板。180 天后，一座崭新的现代化厂房拔地而起，如今第一条"爽歪歪"、第二条"乳娃娃"、第三条茶饮料、第四条营养快线等四条生产线已全部投产，中国饮料行业龙头老大"娃哈哈"的产品刻上了宿迁的名字。

项目落户只是招商的开始，优质高效的服务才是更重要的招商，孟献国的真情服务赢得了客商的心，被娃哈哈集团公司授予全国唯一"荣誉职工"称号

项目落户仅仅是招商工作的开始，优质高效的服务，让客商尽快投产达效才是更重要的招商。作为娃哈哈的项目服务人，从营业执照、卫生许可证的办理，到现场水、电、路等配套设施的完善，孟献国都实行保姆式的全程服务。

为了使客商能租上经济实用的临时办公地点，孟献国跑遍了市内 5 个小区进行比较优选，最后在项王小区选到了一个合适的住房，乐得该公司吴国强先生直点头。

2006 年 1 月 3 日，孟献国的父亲孟召庆因心脏病突发猝然离世，为了不影响项目推进，在送别父亲的第三天，孟献国在悲痛中又回到项目建设工地。

"父亲一直是我的榜样和支柱，在招娃哈哈项目上，我得到了他一贯的支持和鼓励。有好几次，我都想带他到娃哈哈建设工地看看，但却

招商梦

没能如愿。现在，虽然他不在了，但我依然还能感到他的鼓励，觉得他还在关注着我。"说起父亲，孟献国满是心酸和愧疚。

有付出就有回报。今年元月，孟献国荣获由宗庆后先生亲自签发的集团公司荣誉职工称号。看到娃哈哈公司鲜红的印章，宗庆后先生洒脱的签名，孟献国的眼睛湿润了。

"我爱娃哈哈，更爱绿色家园新宿迁，娃哈哈与宿迁结缘是我一生中最美丽的心愿！……"孟献国发自内心地喊道。

生态宿迁是一个巨大的招商品牌，圆梦娃哈哈的孟献国又开始了新的梦想。娃哈哈的引资成功，引发了他对食品行业进行重点招商的构想

与孟献国交流让人感觉到他是个很爱学习的人，从余秋雨的散文到宗庆后的非常营销，从犹太商人的赚钱法则到华商在世界的影响力……无不显示了一个成功招商员应该具有的知识面。

在招商一线的实践中，孟献国从客商的眼里进一步读懂了"生态宿迁，绿色家园"的巨大品牌价值。他说，生态宿迁特别适合食品企业落户办厂，目前，宿迁已有的洋河、双沟、娃哈哈等三个中国驰名商标全部是食品企业，完全可以通过招商引资，让更多的知名食品企业落户宿迁。可以通过与中国食品协会、《中国食品质量报》合作在宿迁举办食品博览会或食品质量论坛，从而扩大生态宿迁的品牌影响力。

正因为对生态环境的偏爱，孟献国又在上年考入南京农业大学在职硕士研究生班，专攻风景园林专业。

做大娃哈哈，主攻知名品牌的食品行业，做大、做强我市食品产业……爱做梦的孟献国又开始了他的另一个美梦……

（本文作于 2006 年 10 月 26 日）

一生只做一件事

《娃哈哈集团报》记者：王丽卿

【背景介绍】 娃哈哈项目招商成功后，《娃哈哈集团报》记者王丽卿专题采访招商引资人孟献国，并以"一生只做一件事"为题在《娃哈哈集团报》总第212期上发表，刊登于2006年11月28日第11期。

一个秋日下午，一位三十多岁的中年人来到本报编辑部，讲述了他与娃哈哈不同寻常的故事。他拿出的名片很普通，江苏省宿迁经济开发区的一位招商人员，而他同时拥有的另一个身份却很特殊——"娃哈哈荣誉员工"。他就是孟献国。

故事得从六年前说起。2000年，孟献国开始与娃哈哈方面接触，希望企业在宿迁投资建厂。经种种努力，2002年7月，娃哈哈老总宗庆后终于带队来到宿迁考察。宿迁市委、市政府主要领导对宗总的到来非常重视，亲自接待，孟献国也全程参与了接待工作。那一次，宗总其实一路考察了多个省市，行程踏过大半个中国，而宿迁方面的热情是首屈一指的。当地《宿迁日报》连续两天均在头版报道了宗总的考察过程。其殷切招商之情更胜他处。

然而，仅仅 10 天后，正盼着好消息的孟献国却从《扬子晚报》上看到一篇娃哈哈项目落户徐州的新闻。他呆了，仿佛一盆冷水将他从头到脚浇了个透！他在床上躺了一天一夜，一遍又一遍地问自己"怎么办？怎么办？"

娃哈哈选择同处苏北的徐州建厂，主要原因是徐州地理位置好，交通更便利。而既已选择徐州，宿迁几乎再无可能。因为娃哈哈从不在 500 公里半径内重复建厂，而徐州距宿迁仅 120 公里。

冷静下来的孟献国开始细细分析。宿迁域内有洪泽湖、骆马湖两大淡水湖，水质好，对娃哈哈这样做食品饮料的企业非常适合，这是天然的优势；宿迁的投资环境好，市委、市政府招商很有诚意，这是人为的优势。孟献国抱定信念，宿迁是娃哈哈在江苏最好的投资地。"我带着一种使命感，一定要促成娃哈哈与宿迁的结缘。"

从那时开始，他开始研究娃哈哈历史，研究宗总。"我看了很多资料，不断关注着娃哈哈的发展，我觉得娃哈哈是一个很有责任感的企业，我把自己也融入了娃哈哈。"

孟献国似乎对娃哈哈着了魔，一有机会还到处向人介绍企业，介绍宗总。"我老婆有时看电视，就打趣我，你看你们娃哈哈又做广告了。"

他的痴迷不仅停留在情感层面，还尽心尽力地为娃哈哈办实事。

2003 年"非典"期间，他拿出家中 1800 元钱，买了每人一套肥皂、洗手液送到娃哈哈徐州公司，令当时的总经理很意外也很感动。

2003 年 9 月，娃哈哈产品因广告宣传中冠有"绿色食品"字样，被某部门认定侵权，责令罚款 20 万元。接到求援电话后，孟献国立即找来工商注册的相关法规连夜学习，并和开发区纪工委书记赶往现场进行协调。经过反复说理、多方协调，对娃哈哈的罚款和网上通报最终被取消。事情处理好后，他打电话给娃哈哈外经办主任顾小洪："你们不用来了，没事了。"

此事传来，娃哈哈公司高层也被震动了。因为类似事件在湖南花费了公司三个人半个月的时间，而孟献国从接到电话到处理结束仅用了5天。

　　冬去春来，一年又一年，娃哈哈没有来，但孟献国一直没放弃努力。有一次，妻子问他："如果最终娃哈哈也不来宿迁，你怎么办？你以后能不能活下去？""我真没能回答上来，当时眼泪都下来了。"时至今日说起这事，他仍百感交集。

　　2004年，娃哈哈项目招商到了第五个年头，多年无功而返的招商给孟献国带来了巨大的思想压力。在他最感绝望时，是妻子的一句话给了他支持。妻子说："放弃比失败更丢人。"这句话深深地震动了孟献国，激励着他继续坚持下去。

　　经过慎重考虑和冷静分析，2005年年初，孟献国主动向开发区管委会领导立下军令状：如果今年娃哈哈还不能招商成功，我愿接受组织处分！不给自己留后路的孟献国准备背水一战。

　　在他的努力牵头努力下，2005年宿迁市领导一年三次来到杭州拜会宗总。"有一次，我们来时宗总正在召开会议，我就与黄秘书说不用告诉他，不要打扰他。我们在下沙基地等了一天，第二天黄秘书在会议间隙向宗总汇报了这事，宗总很感动，抽时间立即会见了我们。"

　　诚意感动了娃哈哈。2005年8月17日，宗总第二次踏上宿迁大地，他在考察中当场拍板在这里投资建厂，一期工程就有150亩地，4条生产线。而徐州只有一条生产线。

　　孟献国的梦想终于实现了。在宿迁公司开工典礼上，娃哈哈公司领导说："娃哈哈之所以在这里投资，是因为宿迁亲商的氛围、务实的作风和锲而不舍的引商精神。"

　　"我觉得人一生只做一件事。我这一生，只要把娃哈哈引到宿迁，就可以了。"孟献国感慨而欣慰地说。

宗总亲自签名，授予孟献国"娃哈哈荣誉员工"称号。当地宿迁总经理将证书交给他时，郑重地说："你是我们娃哈哈第一个荣誉员工，你很荣幸，你也担得起。"现在，这本证书被端端正正放在他家书房最显眼处。

2006年，宿迁市建市十周年，孟献国入选"建市十年十大功臣"。在颁奖典礼上，他激动地说："我爱民族品牌娃哈哈，我爱绿色家园新宿迁。娃哈哈和宿迁的结缘，是我一生中最美丽的心愿！"

（本文作于2006年11月28日）

照片背后的故事

照片一

2015 年 3 月与娃哈哈董事长宗庆后在北京合影

杭州娃哈哈集团

杭州娃哈哈集团有限公司成立于 1987 年，前身为杭州市上城区校办企业经销部，公司从 3 个人、14 万元借款起家，现已发展成为中国规模最大、效益最好的饮料企业。在全国 29 省市建有 70 个基地 170 余家分公司，拥有总资产 402 亿元，员工 30000 人。28 年来，公司以一流的技术、一流的设备，一流的服务，打造出一流的品质，先后投资 100 多亿元从美国、法国、德国、日本、意大利等国引进 360 余条世界一流的自动化生产线，主要生产含乳饮料、饮用水、碳酸饮料、果汁饮料、茶饮料、保健食品、罐头食品、休闲食品等 8 大类 100 多个品种的产品。

1987 年，创始人宗庆后从踩着三轮车代销棒冰、汽水和校簿开始了艰苦的创业历程，第二年，靠代工花粉口服液取得了不错的效益，并于第三年成功开发投产娃哈哈儿童营养液，成立杭州娃哈哈营养食品厂。1991 年，为扩大生产规模，满足市场需要，仅有 100 余人的校办小厂娃哈哈，以 8000 万元的代价有偿兼并了职工 2000 多人的国营老厂——杭州罐头食品厂。兼并取得成功，娃哈哈初步形成规模。

1994 年，娃哈哈积极响应国务院对口支援三峡库区移民工作的号召，投身西部开发，创造性地以"移民任务与移民经费总承包"的改革思路，兼并了涪陵地区受淹的 3 家特困企业，建立娃哈哈第一家省外分公司涪陵公司。1998 年，娃哈哈毅然推出"中国人自己的可乐"——非常可乐。2002 年，娃哈哈利用自身品牌和实力优势，高起点进军童装业，推出绿色环保童装，这标志着娃哈哈向跨行业经营和多元化发展迈出了第一步。2010 年，娃哈哈推出旗下高端奶粉——爱迪生婴幼儿配方奶粉，产品由合作企业荷兰百年皇家乳企生产，原装进口，来到中国。此举也开创了让国外企业为中国贴牌生产的先河。娃哈哈宗旨是"娃哈哈　健康你我他　欢乐千万家。"娃哈哈精神是"励精图治　艰苦奋斗　勇于开拓　自强不息。"

宗庆后，祖籍浙江杭州，1945 年 10 月出生于江苏宿迁东大街，高级经济师，浙江大学 MBA 特聘导师，娃哈哈集团公司董事长兼总经理，第十届、十一届、十二届全国人大代表。2010 年 9 月，宗庆后以财富 800 亿元成为 2010 年中国首富，这是中国第一次由"饮料大王"成为全国首富。

宗庆后有"杭州李嘉诚"之称，18 岁下乡当知青，挑土拉砖，在舟山农场和绍兴茶厂蛰伏 15 年，33 岁回到杭州。从校办纸箱厂干起，中间跑过电表销售，40 岁还是个校办工厂业务员，42 岁承包校办工厂经销部。从卖作业本开始，到卖儿童营养液，成立娃哈哈食品厂，后来大胆兼并濒临破产的国有罐头厂。宗庆后在业界以强势开明著称，他把一个只有三个人的名不见经传的小学校办工厂办成中国第一、全球第四大饮料巨头。宗庆后的成功，是平民草根的成功，是人生从头再来的成功，是大多怀揣梦想的普通人可以借鉴的楷模。

招商梦

照片二

2013 年与汇源集团董事长朱新礼先生在武汉合影

汇源集团

北京汇源饮料食品有限公司成立于 1992 年，是主营果、蔬汁及果、蔬汁饮料的大型现代化企业集团。汇源果汁集团在全国各地创建了 30 多家现代化工厂，链接了 400 多万亩名特优水果、无公害水果、A 级绿色水果生产基地和标准化示范果园；建立了遍布全国的营销网络，构建了一个庞大的水果产业化经营体系。

目前，汇源已成为中国果汁行业第一品牌。汇源商标被评为"中国驰名商标"，汇源产品被授予"中国名牌产品"称号和"产品质量国家免检资格"，汇源果汁集团被国家质检总局树立为中国食品安全标杆企业。汇源果汁集团一贯奉行"营养大众、惠及三农"的企业使命，带动了整个中国果汁行业的发展，引领了果汁健康消费的新时尚，促进了水果种植业、加工业及其他相关产业的现代化发展，帮助百万农民奔小康。2007年2月23日，"中国汇源果汁集团有限公司"股票在香港联交所成功挂牌上市。

2008年9月3日，可口可乐及其旗下全资附属公司AltanticIndustries宣布：将以总价179.2亿港元收购汇源果汁全部已发行股本以及汇源全部未行使可换股债券。这成为可口可乐当时在中国、也是在其发展史上除美国之外的最大的一笔收购交易。2009年3月18日，商务部否决可口可乐收购汇源案。

招商梦

　　朱新礼，山东淄博人，1952 年 5 月出生，汇源集团创始人，中国汇源果汁集团有限公司董事长，中国企业家俱乐部执行理事，中国农业大学客座教授、MBA 导师。先后荣获"全国五一劳动奖章""全国劳动模范""全国优秀中国特色社会主义事业建设者""改革开放 30 年中国饮料业突出贡献奖" "中国改革开放 30 年轻工业领军人物""CCTV2008 中国经济年度人物"等殊荣。朱新礼原是山东省沂源县外经委副主任，1992 年辞职下海创立山东淄博汇源食品饮料有限公司。

　　汇源集团成立以来，一直秉持"大农业"理念，坚持农业产业化方向，逐步构建了一个全国性果汁产业链。2009 年以来，汇源集团按照朱新礼"大中国、大农业、大有作为"的梦想，逐步由果汁产业向农业领域延伸，由大农业向养生大农业升级，并确立和实施了"发展养生大农业、创造健康新生活"的企业使命。

照片三

2013 与蒙牛集团总裁孙伊萍在北京合影

蒙牛集团

　　蒙牛集团是一家总部位于内蒙古的乳制品生产企业，蒙牛是中国大陆生产牛奶、酸奶和乳制品的领头企业之一，控股公司的中国蒙牛乳业有限公司（港交所：2319）是一家在香港交易所上市的工业公司。蒙牛主要业务是制造液体奶、冰激凌和其他乳制品。2012 年 4 月 12 日，孙依萍接任蒙牛乳业总裁，蒙牛进入中粮时代。

招商梦

孙伊萍，1967年10月出生，女，福建云霄人。汉族，毕业于中国农业大学，获食品工程专业学士学位及农产品加工工程专业硕士学位。2012年4月12日，孙伊萍出任蒙牛乳业公司总裁。

2013年5月，蒙牛乳业和现代牧业联合宣布，蒙牛乳业公司收购现代牧业，这是为了加强对优质奶源质量和数量的保障，更好发挥蒙牛在高端奶源的优势。孙伊萍也借鉴引入了中粮"端到端全"链条质量管理体系到蒙牛乳业公司，涵盖种植、生产、销售三大主环节的10个主环节控制，重点立足于"过程管理"，建立起从"田间到餐桌"的全产业链管理体系。

孙伊萍于2013和2014两度荣获"商界木兰年度人物"。2013年9月25日，孙伊萍获得由亚洲商业协会主办的亚太企业精神奖（APEA）所颁发的第四届"行业领袖"奖。2014年，孙伊萍荣获"中国企业社会责任杰出企业家"称号。

照片四

与伊利集团董事长潘刚在呼和浩特合影

伊利集团概况

内蒙古伊利实业集团股份有限公司是国家 520 家重点工业企业之一，也是农业部、国家发展和改革委员会、国家经济贸易委员会、财政部、对外贸易经济合作部、中国人民银行、国家税务总局、中国证券监督管理委员会等八部委首批认定的全国 151 家农业产业化龙头企业之一。伊利集团是为 2008 年北京奥运会和 2010 年上海世博会提供服务的乳制品企业。

招商梦

潘刚，汉族，1970 年 7 月生，内蒙古锡林郭勒盟人，中共党员，博士学历。现任全国工商联副主席，内蒙古伊利实业集团股份有限公司董事长兼总裁、党委书记。中共十七大代表、全国政协委员、全国青联副主席、内蒙古自治区人大代表。

潘刚提出"厚度优于速度、平衡为主、责任为先"的"伊利法则"，在该法则引领下，伊利在业内率先倡导"绿色产业链"发展理念，推动整个中国乳业可持续发展，确立了"成为全球最值得信赖的健康食品提供者"的新愿景。

照片五

2013 与洋河集团董事长张雨柏在呼和浩特合影

洋河集团

江苏洋河酒厂股份有限公司，位于中国白酒之都——江苏省宿迁市，世界三大湿地名酒产区之一——是中国白酒行业唯一拥有洋河、双沟两大"中国名酒"，两个"中华老字号"的企业。2009 年 11 月，公司在深圳证券交易所挂牌上市。2012 年 7 月，公司首次跻身 FT 上市公司全球 500 强。

近年来，洋河全力打造"绵柔型"白酒经典之作——洋河蓝色经典，海之蓝、天之蓝、梦之蓝，"蓝色风暴"愈刮愈猛，"蓝色魅力"已征服了越来越多的白酒消费者，并已成为竞争激烈的白酒市场中颇受关注的成功营销范例。

招商梦

张雨柏，汉族，1964 年 10 月出生，江苏泗阳人。大学本科学历，工商管理学硕士，高级经济师，国家级品酒师，中共党员。1984 年 7 月参加工作。现任中国食品工业协会白酒专业委员会副会长、江苏洋河酒厂股份有限公司党委书记、董事长。

张雨柏先后荣获"全国酿酒行业百名先进个人""全国优秀职业经理人""中国工业经济十大风云人物""中国食品行业梦幻组合总经理""全国劳动模范"等荣誉称号，张雨柏是 2008 年北京奥运会火炬手，中国共产党第十八次全国代表大会代表。

后 记

　　招商引资是促进区域经济发展的重要手段，而来自招商实践的指导性书籍却是少之又少，笔者专业从事招商工作 16 年，越来越觉得有必要将招商一线的所感所悟与大家分享，一方面希望让更多的招商人少走弯路，一方面希望本人的招商经验和教训能给广大招商同仁以启迪和借鉴，于是有了这本《招商梦》。

　　在本文编写过程中，得到陈法玉、范金华、佟道顺、王韵钢等友人的鼓励和支持，易悟先生专门为本书题写书名，孙曙生先生多次在电话中给予指导，对全书的结构布局给出一些中肯建议。在书稿校验中，得到张姗姗、张迪同志的支持与帮助。本书编写也得到家人及同事的理解与支持，在此一并致谢。

孟献国 2015 年 3 月 7 日于北京崇文门

招商梦